一面成熟，One is Mature

金融与互联网的融合之道

The Marriage of Finance and Internet

杨峻◎著

一面天真 One is Naive

中国出版集团 东方出版中心

序言一

近日览阅杨峻即将付梓的书稿,掩卷深思,颇有感触。互联网金融兴于互联网技术的快速发展,有助于提高金融资源的配置效率,加快普惠金融体系的建设进程,但其本质仍是金融。金融是实体经济的血脉,金融体系的根本功能是服务实体经济,其核心在于风控能力。

事物的演化总是呈现螺旋式的上升态势,金融与互联网的创新融合也必然经历不断摸索、大浪淘沙的过程。金融以安全为根,强调自上而下(Top-Down)的运行模式;互联网以体验为本,奉行自下而上(Bottom-Up)的发展理念。两者的基因截然不同,对于其融合,当"三日而省"、"朝过夕改",方能实现安全、健康的发展。

陆金所是国内较早成立的互联网金融平台,一直坚守金融规律和风险底线,并有效运用互联网、大数据、机器学习等科技手段,实现了金融与互联网的突破性融合,开创性地建立了包括产品风险识别系统(KYP,Know your products)、客户风险承受能力识别系统(KYC,Know your customers)、信息披露、投资者教育等模块的现代投资者适当性管理体系,确保上线产品的全流程风险管理,匹配合适的产品与合适的投资者,真正实现"卖者有责、买者自负"。

借助创新科技推动金融演进,在全世界都属于崭新的课题。凭借多年探索实践,我国金融科技已处于世界的领跑位置,使年轻的中国金融业实现弯道超车、跨越式发展成为可能。杨峻结合其在陆金所的多年经验,对行业发展不断深入思考，集实践与理论于一体，融经验与感悟于一册，汇智成本，难能可贵。希望更多的金融从业者从书中得到参考和启发，参与到金融与科技融合的发展中来，让互联网金融更好地为实体经济服务，助力实现伟大的中国梦！

马明哲

中国平安集团董事长兼 CEO

2017 年 8 月

序言二

收到杨峻作序之请，我欣然应允。在我看来，同是从传统金融机构来到金融科技公司，我与他在对金融的理解、对新技术带来的金融革新的讨论上，有较多的共识。“一面成熟，一面天真”既是对人形象和思维的刻画，也代表着金融历史积淀与科技风华正茂的邂逅，引发了我对人、对事、对未来的一些思考。

先从杨峻此人说起，最深刻的感受是“少年老成”。这与他在金融领域有一个较为完整的、由低到高的从业经历密不可分。金融是尊重“老把式”的，具有鲜明的经验特征，理论假设往往需经过长期的实证检验才会理清背后的逻辑。20年传统金融从业经历使得杨峻既积累了丰富的一线实战经验，也对金融运行的规律、金融生态体系的构建有了系统性的认知。

但同时，成熟而不失天真，睿智而不失率真；满腹才情，有时又略带不羁的傲气，使其站在巨大的时代变迁前沿上，且更具敏感性、创造力和爆发力。科技日新月异的今天，我们需要不断地自我革新才不会被时代抛弃。这种勇于超越自我的创新心态与对金融客观规律的尊重和坚守在杨峻身上形成了很好的融合。

金融是个古老的行业，近年来科技的进步使金融服务的方式发生了翻天覆地的变化，一个新的领域——“金融科技(Fin-tech)”也由此诞生。移动互联、大数据、云服务、人工智能等技术的日趋成熟，大幅降低了金融服务在获客、运营、风控等方面的成本，从而使得金融服务的覆盖面更广、效率更高。我们必须直面朝气勃勃、年富力强的金融科技对传统金融这一古老行业带来的变革，这既是我从传统金融机构来到陆金所这样一家金融科技公司的出发点，也是杨峻写这本书的出发点。

国内金融行业经过过去十几年的高速发展，培育了一批在经营规模上位居世界前列的金融机构，但这些机构往往大而不强，无法赢得国外同行的真正尊敬。唯国内金融科技的发展令世界刮目相看，赢得了国际同行的尊重和认可。希望越来越多像杨峻一样的从业者，能用文字将行业发展的历史进程和感悟记录下来，引发市场更多的思考，对社会赋予产生积极影响，以此推动监管部门从培育国家创造力和竞争力的角度，给予行业更多爱护、支持和帮扶，抓住难得的历史机遇，使中国在金融科技领域奠定“市场领导者”的地位。

本书成书时间较短，可能在有些方面思考还不够成熟完善，但不妨碍先抛砖引玉，引起更多同行的关注与讨论。一个时代有一个时代的主题，应对不可逆转的金融科技潮流，我们唯有顺势而为、乘势而上！

李仁杰

陆金所控股董事长、原兴业银行行长

2017 年 8 月

序言三

Fin-tech, now a few years old, is just beginning. A decade from now computing power, big data, AI — and its derivatives — will have changed the face of finance entirely. The transformation will be no less than what iTunes brought to the music world and how music is now sold, shared, and used. To put this in perspective, has your teenage son or daughter ever been to a record store?

Now is probably one of the most exciting and confusing times for financial institutions, start-ups, and regulators. Exciting as there are many opportunities to execute finance and wealth management cheaper, faster, and better than today. Confusing as fin-tech also challenges so many traditional assumptions, rules, and economic interests.

Excitement and confusion melded together often promotes innovation, both out of a sense of need and fear. In China, we have already seen a lot of Fin-tech innovations in the last five years. Without argument, China now leads Fin-tech globally in terms of scale and business model innovation and development. The speed of development has created desperation to describe what is actually happening. Starting about two years ago in professional industry forums and media a confident sounding statement emerged: "The essence of internet finance is finance, and technology will not change this." In the beginning, this statement sounded right and comforting. For LuJinSuo where both the author of this book and I work, the statement was a supporting one given our deep financial DNA derived from our largest shareholder, the Ping An Group. But as developments accelerate today I no longer believe that the fundamentals of finance will not be changed by technology. Soon, a person wearing a Google glasses will be able to walk down the street and scan the faces of strangers and immediately know who they are, what they do, and their personal preferences. In the world of finance, equivalent data transforms how you design financial products, when you offer them, and what data you use to assess risk.

If you believe in Google glasses you should probably believe in the tech transformation of finance. It is critical for China to capture the excitement of Fin-tech and not be derailed by the confusion it may bring. It is important because Fin-tech done well can help ensure that the most productive segments of the economy receive resources and help ensure that China's massive personal savings can generate the returns they deserve in the most efficient manner. In China, if excitement and understanding exceeds confusion, then Fin-tech innovation will continue to be a core building block in the ongoing economic transformation.

Yang Jun, in writing this book, has outlined the tools that are essential to help make Fin-tech succeed. In the six years that LuJinSuo has been created, it has learned in a 100% on-line financial world you must use all forms of data and models to judge asset risk and investor risk in order able to optimize match making between the two. Where tech changes finance lies in how you use data and computing power. In this book, the core frameworks are laid out as to which risks must be judged and what types of data must be used in order to manage and match risks in a fast changing world, on a sustainable basis. I do not believe there is a more practical or better informed book on this topic. Those who master the concepts outlined in this book can help ensure that China Fin-tech realizes its full potential in supporting the real economy.

Yang Jun has been at the center of developing the concepts outlined in this book. He is the best qualified person at LuJinSuo to summarize what we believe to be the core building blocks for on-line wealth management and the robo investing in the Fin-tech development stages soon to come. Many of the things YangJun writes you will probably agree with, some of the things you will debate.

At this stage, Fin-tech is both exciting and confusing but I think you will walk away from reading this book with a better understanding of why Fin-tech's future impact is both inevitable and positive for personal investors and China's financial sector advancement.

CEO of LUFAX Holding Company　Gregory Gibb

August, 2017

近年来金融科技蓬勃发展,但目前仍处于起步阶段。在接下来的十年里,计算能力、大数据、人工智能(及其衍生品)将彻底改变金融业的面貌。这种变革将毫不逊色于iTunes对音乐行业的颠覆。为了看清这种趋势,只要看看你十几岁的儿子或女儿现在是否还会去音像店购买碟片就会理解,iTunes的出现已彻底改变了人们购买、共享、使用音乐的模式。

对于传统金融机构、金融科技初创企业和监管机构来说,目前可能是最令人兴奋和困惑的时期之一。令人兴奋的是,金融科技确实能够有效地降低金融运行成本,提升运行效率,优化服务质量;而令人困惑的是,金融科技也对许多传统的假设、规则和经济利益提出了诸多挑战。

无论是出于需求还是恐惧,创新总是在人们持续的激情与困惑中被激发出来。在过去的五年里,我们已经看到了许多发生在中国的金融科技创新。毋庸置疑,从规模、业务模式和发展潜力来看,中国在金融科技领域已经处于世界领先地位,发展速度之快令人惊叹。

从两年前开始,无论是在国内专业论坛还是公开媒体,都会有类似的观点:"互联网金融的本质是金融,技术永远不会改变这一点。"这种言论听起来说服力十足,尤其是对于我和作者共同服务的陆金所而言,受益于最大的股东是平安集团,其本身拥有根深蒂固的金融基因。试想不久之后,如果一个人戴着谷歌眼镜走在街上,他能够通过扫描陌生人的脸立刻知道这个人是谁，做什么工作，个人喜好是什么等等。如果你相信谷歌眼镜的普及可能会对未来生活产生巨大改变，那么你就应该相信技术将引起金融业的深刻变革。

在金融领域，大数据会改变金融产品的设计方式、设计效率及风险评估手段。对于中国而言，抓住金融科技发展带来的重大机遇、摆脱前进中的困惑，是至关重要的。这是因为，金融科技一方面可使最具生产效率的经济部门得到充分的金融资源支持，另一方面可令广大投资者在最大程度上得到应有的投资回报。如果在前进的道路上激情和实践多于困惑，中国的金融科技创新必将继续成为经济成功转型的基石之一。

陆金所成立已有六年，这六年互联网金融的实践经验告诉我们，必须充分利用各种数据和模型，实现对产品风险和投资者风险承受能力的准确评估，才能做到两者匹配的最优化。技术对金融的改变方向主要取决于如何有效地运用大数据和计算能力。

杨峻在书中概述了金融与科技的有效融合之道。本书的核心框架为：在不同的互联网金融形态中，哪些风险必须被识别，以及哪些数据必须被运用，从而持续有效地管理风险。我认为就该话题而言，没有其他书比本书更具实用性。掌握书中的理念，有助于确保中国金融科技充分发挥潜力，促进实体经济健康发展。

杨峻是本书核心理念的创立者，基于他深刻的行业实践，可谓是陆金所最有资格评述何为互联网财富管理行业成功基石的人选。目前的金融科技既令人充满激情，又不时使人困惑。但在我看来，通读本书后，您会更加深刻地理解到，金融科技势必会给个人投资者与中国金融业带来不可逆转、正面积极的影响，让我们拭目以待！

计葵生

陆金所控股 CEO

2017 年 8 月

前　言

此刻我正在新加坡回上海的万米高空，思绪也变得越来越清晰透明。经过差不多一年的努力，书稿已基本完成。回顾这本书的写作历程，缘起于一位好友的鼓励。她曾与我在浦发银行共事两年，后来去了携程发展，把自己多年在公关传媒的经验写了一本很好看的书。在一次随意聊天中，她说我与她有一个很相似的点，就是人到中年都还保留了些许的天真，抑或"作"，内心还有着理想主义的情怀，应该把这样的情怀作一个记录。确实，一路走来，很多人会说我怎么年纪不小但还像个孩子，不那么成熟。也有一些领导同事很早就说我少年老成。也许我就是这样矛盾的存在，一面天真，一面成熟。在我自己看来，成熟和天真并非一对矛盾。一个人的成熟，在思想里；一个人的天真，在内心里。在这纷扰的烟火世界，内心深处如果保有一份天真，活着才会有意义，有趣味。无论柴米油盐，还是琴棋书画，都只有内心的天真可以将其变成优雅的模样。而优雅，正是那天真善良的心在你身上开出的美丽的花。

人生中出现的一切，都无法占有，只能经历。我们只是时间的过客，总有一天，我们会和所有的一切告别。明白这一点，就会懂得，无所谓失去，而只是经过而已；亦无所谓得到，那只是体验罢了。经过的，即使再美好，终究只能是一种记忆；得到的，就该好好珍惜，然后在失去时坦然作别。因为无论多么努力地想要留下什么痕迹，我们始终只是过客。在浩渺的时光风云里，我们每个人都只是一粒微小的尘埃。既然所有的结局都是一样，那我们来世上一遭究竟又是为了什么？每个人都在追求人生的成功，那么成功又是什么？在我看来，成功绝对不是因为拥有金钱、地位。恰恰相反，是因为你成功了，自然拥有金钱和地位。那么怎样才算成功？成功就在于你在多大程度上能够给这个世界、给周围的其他人带来正面积极的影响。既然来这世间一遭，一定要努力让这个世界因为你来过而变得有那么一点点的不同。你能够从正面影响、改变这个世界越多，你就越成功。

不知不觉间我也已经走过了45年的人生，有了一些积累、一些感悟。特别在金融领域，有了22年的实践。其间遇到了许多师长、同学、同事，他们给予我非常多的帮助，让我有机会从多角度历练、体会、实践。特别是最近两年多，正逢“互联网+”的时代，平安陆金所进行了很多“金融+互联网”的创新尝试。这也使我下决心写下一些文字，将自己的经验、积累传递给有缘的人。希望通过这本书，将自己22年的工作体会作一个小结，给予目前争议很多的互联网金融行业的从业者和感兴趣的朋友一些启发，帮助到更多一些人，也算是为这个世界作出一些有价值的贡献，那样就是很成功的体验了。如果有一天离开这个世界，也可以带着满足和欣喜。

时光还在，我们却不再年轻。如果说人生是一场修行，那我们要做的，就是努力为这个世界、为周围的人多做些什么，让这个世界因为我们来过而变得有那么一点点的不同。同时，别忘了在自己的内心留一片安静明朗的天地，把每一天当作良辰吉日，欣赏这人生路上的一道道风景。无论什么境遇，都要淡定从容，做简洁的自我。即便陷于市井之中也要超然事外，心静如水，放下执念，随缘自在。

我想，金融与互联网恰恰代表了成熟和天真的属性，两者的融合就像我自己一样，有着非常有意思的地方。金融历经百年风霜洗礼，追求保守稳健，像位成熟内敛的中年男子；互联网初出茅庐、涉世未深，崇尚奔放自由，好似天真纯情的风华少年。迥然相异的个性使得两者融合的过程注定是艰难的。正如在这纷繁复杂的尘世喧嚣中，要做到知世故而不世故，世事洞穿却天真不泯，需要花费巨大的努力。

我于2015年告别服务多年的浦发银行，加入平安陆金所，正式开启了互联网金融之旅。在这短短的两年时间里，我每天都能深刻感受到金融与互联网在融合过程中产生的激烈碰撞。但也欣喜地看到，若能找对方向加以实践，两者的有效融合确实能够大幅提升资源配置效率，为金融服务打开一片更为广阔的天地，让我们的生活更加美好。

金融与互联网，两个在国内自带光环的词汇结合从来不缺概念。从早期的“互联网金融”，到如今的“金融科技”“科技金融”“新金融”等，概念变换之快令人目不暇接。不论称谓如何改变，也不论是金融机构互联网化还是互联网企业加载金融服务，其业务的本质都是金融与互联网为代表的新技术的融合与发展，目的无非是为了提升金融运行效率，降低运行成本，扩展金融服务半径。

互联网作为20世纪人类最伟大的发明之一，已深刻地改变了世界。第一、二次工业革命所缔造并维系了上百年的现代文明和市场秩序，正在被以互联网为代表的信息化革命重塑。互联网不断地创造出新的商业模式、塑造新的经济形态及拓展生产可能性边界，互联网基因已经融入于社会经济运行的底层结构之中。

金融作为经济运行的血液，其根本功能是为实体经济服务，什么样的经济形态、经济结构决定了需要什么样的金融体系支持。回顾过往三十多年的改革开放历程，我国传统金融业不断进取、锐意创新，为国民经济的快速发展起到了保驾护航的作用。但随着改革逐渐步入深水区，社会经济形态、消费结构等领域发生了一系列变革，引发了传统金融机构一系列痛点：一是无法完全拟合经济“新常态”；二是经营成本居高不下造成金融排斥；三是利率市场化冲击传统金融的盈利模式；四是互联网深刻地改变了用户需求。

对于上述痛点，我在商业银行服务期间感受最为深刻：一面是业绩考核指标重压下，银行客户经理苦苦央求大型央企、国企多多动用授信额度，一面是众多创新型中小企业面临“融资难、融资贵”的困境无法扩大生产；一面是昔日投资成本巨大的营业网点日渐门庭冷落，一面是客户对金融服务移动互联网化、个性化的需求不断高涨；一面是各种“宝宝类”理财产品加速利率市场化进程，使息差空间不断缩小，一面是依赖传统手段无法下沉的客户结构及无法降低的经营成本……

以互联网、大数据、云计算为代表的新技术以近乎为零的边际成本带来了规模经济性，金融与之融合使得解决上述痛点成为可能。它不仅可助力经济结构调整及产业升级，更可使金融服务覆盖到以前无法触及的客户，实现金融普惠；它不仅可使金融服务更精准地契合客户需求，更可帮助金融机构降低经营成本、提高盈利水平。

虽然金融与互联网的融合有较强的内在逻辑与广阔前景，但两者迥然相异的基因使得融合过程注定无法一帆风顺。两者融合的过程不仅仅是金融简单地加载互联网技术，而是互联网逻辑与金融逻辑找到契合、互联网精神与金融精神相互激发、取长补短的过程。在这个过程中，传统金融的部分观念要更新，互联网的部分逻辑也要妥协，否则就无法发挥出互联网金融的最大效用，甚至可能会引发各种行业乱象。对于金融和互联网融合之道，我认为应坚持以客户为中心、以长尾人群为重点、以风险管理为核心、以应用场景为基础、以技术驱动为手段、以实现盈利为目标。只有在这些原则下加以实践，方能实现商业模式可持续发展，同时提升金融资源的配置效率。

本书分为六个章节，第一章从金融发展史入手，简要论述了商业生态及技术革新是金融发展的动力源泉，同时阐释了金融与互联网的融合并不改变金融的本质和功能，随后分析了传统金融目前的痛点，及以互联网为代表的新技术与金融融合后，为何可以帮助金融解决这些痛点；第二章主要讨论了以互联网为代表的新技术对金融业的革新及对金融风险的影响，同时提出了两者融合时应注意的问题及方向；第三章至第六章分别对资产管理、借贷、支付、股权融资等四大子行业与互联网等新技术的融合与发展加以阐述，其中第三章重点介绍投资者适当性管理的理论及在资产管理领域的实践。第四至六章分别从个体网络借贷（Peer-to-Peer，P2P）、第三方支付、股权众筹的概念、风险管理、存在问题及发展建议等角度，揭示金融与互联网等新技术融合后确实可提升金融运行效率、降低运行成本、扩展金融服务半径。

金融与互联网等新技术的相互融合在世界上属于崭新的课题，其他国家没有成熟的经验可供参考，各国都在探索中发展。凭借开拓创新、勇于实践的精神，国内从业者已将中国互联网金融推向了世界的领跑位置，使年轻的中国金融业实现弯道超车成为可能。前期行业存在的一些问题和杂音不能成为我们停滞不前的理由。我们需要继续对金融与互联网融合的发展路径、增长方式和竞争战略进行有益的探索,鼓励必要创新,尊重市场规则;同时鉴于金融行业特殊性,我们必须坚守正直的价值观,在前进的道路上不忘初心,勿忘金融与互联网两者融合是为了向大众提供更好的服务,让人们的生活更美好。在全体从业者的努力和监管部门的指引下,金融与互联网的融合必将迎来更美的春天!

最后,感谢马明哲先生、叶素兰女士、俞北华先生、李仁杰先生、计葵生先生、刘信义先生、朱玉辰先生、陈辛先生、姜明生先生、刘以研先生、王新浩先生、陆洋女士、林燕娜女士、吴伟先生、范徵先生等领导、师长在我职业生涯中给予的教诲和帮助,及在本书写作过程中给予的慷慨指导和宝贵意见。特别感谢刘信义先生和林燕娜女士,他们不但在工作上给予了我很多帮助,更在我人生每一个关键时点给予了重要指点。他们正直、善良、勤奋、坚韧,是我的榜样和楷模。同时感谢张珺、佘笑波、周晓筠、戴琳、熊国盛、童润等同事在书稿整理过程中给予的大力协助。鉴于水平和时间所限,本书一定还存在很多错漏和疏忽之处,我在此表示真诚的歉意,并欢迎读者朋友多多批评指正。

杨 峻

2017 年 5 月 4 日

■ 目　录

第一章

金融与互联网融合的内在逻辑

纵观历史长河,金融每一次向前推进都是基于解决商业生态的痛点,而且是由技术革新带动的。互联网不断地创造出新的商业模式、塑造新的经济形态、拓展生产可能性边界及降低生产成本和融资成本,互联网基因已经融入于社会经济运行的底层结构之中。当金融发展到互联网时代,新的金融变革必将发生。

但须注意的是,商业变迁、技术创新虽可以改变金融的发展速度和轨迹,却无法改变金融的本质和功能,金融的核心仍然是风险管理。金融体系的根本功能是为实体经济服务,什么样的经济形态、经济结构决定了需要什么样的金融体系支持。当前,随着社会经济形态、消费结构等领域发生了一系列变革,传统金融机构不可避免地面临一系列痛点,而金融与互联网的融合可以较好地解决这些痛点,它可使过往难以匹配的金融资源、金融服务与金融需求得以满足,有效增强了金融普惠性,具有强大的生命力及市场价值。

自2012年互联网金融的概念在国内首次提出以来,互联网金融一度成为市场投资和关注的热点。带着对行业前景的良好预期,众多资金和人才涌入，给这个年轻的行业带来了勃勃生机。然而，金融与互联网两种不同属性和基因的事物相互融合，注定无法一帆风顺，金融追求保守稳健，互联网崇尚高效奔放。随着行业种种乱象的曝光和政府互联网金融专项整治工作大幕的拉开，曾经广受热捧的“互联网金融”概念受到市场广泛质疑。无论是资本市场的投资者还是普通百姓，人们谈“互联网金融”而色变，也使得很多原本正规从事互联网金融业务的公司，不得不与其划清界限，向“金融科技”“新金融”或“普惠金融”的旗帜靠拢。

大家不禁要问，金融与互联网的融合究竟有无前景？互联网金融是否真的会昙花一现？

要预见未来的发展趋势，最好的方式是回溯其发展的历程，找出其中的规律。让我们先从金融的发展史说起。

第一节 金融发展的动力源泉

一、商业生态的演进

银行是金融业之母，英文“bank”一词起源于意大利语“banca”，原意为长凳、椅子。13 世纪，意大利的威尼斯、热那亚几个港口城市由于水利交通便利，曾经是连接欧亚大陆之间贸易的要塞，四面八方的商人云集在此，商业活动频繁。但是当时货币不统一，集市上流通着各国货币，给当时的贸易活动带来了诸多不便。一部分懂得评估、兑换货币的商人看到了商机，他们干脆放弃了之前的买卖，当起了钱币商。由于条件简陋，他们坐在港口的长板凳上，等待人们来兑换，于是被叫作“banker”，他们经营的业务就被称为“bank”。

第一个现代意义上的银行是荷兰阿姆斯特丹银行，它诞生于 1609 年。随着哥伦布航海发现了南美洲新大陆和麦哲伦完成了第一次环球航海旅行，远洋贸易的商业需求被彻底激发。许多货物会通过阿姆斯特丹进入欧洲，阿姆斯特丹成为了国际贸易中心。诸多的贸易行为需要金融的支持，最核心的需求就是兑换与结算。阿姆斯特丹银行当时只有一项业务，它接受各个国家的金属、货币和金银，同时办理汇兑——简单来说，就是货币兑换和结算业务。金融和商业的结合，使阿姆斯特丹成为当时全世界最大的金融中心。大量的钱和贸易通过阿姆斯特丹进入欧洲，阿姆斯特丹积聚了很多的资金和财富。当然，社会财富的拥有并不均衡。有些人开始变得非常富有，希望将闲散的钱用于生息，而有些人迫切需要资金用于扩大贸易规模或消费，民间借贷由此兴起。但因为双方的信息不对称，出借人对借款人能否按时还款无法作出准确判断，借贷的撮合成本和利率非常高。阿姆斯特丹银行看到了商机，当它做了 70 多年支付业务以后，从 1683 年开始为客户提供贷款，利用自己的信用介入借贷业务，提高借贷效率，从中赚取利差，从而成为一家真正意义上的商业银行。

票据的产生同样是应商业发展的需要：16—17 世纪随着贸易的大发展，社会对现金的需求量与日俱增。当时欧洲仍以黄金作为流通货币，但当地产金量很少，整个欧洲面临着现金极度短缺的局面。货币的匮乏使商人资金周转不灵，甚至导致破产，极大地制约了贸易的发展。于是人们想方设法改进结算方式，以便能在交易时摆脱对黄金的依赖。在此背景下，一种货币替代物——汇票诞生了，其主要用于一方所欠的债务冲销另一方所欠的债务，减少了对现金的使用，交易结算对黄金的依赖大为减弱。1704 年英国通过“期票法案”，汇票不仅可以用于清账，而且可以完全自由转让，从而汇票可以像货币一样在市场上自由流通。随着信用票据的广泛使用，票据贴现业务逐渐兴起，商人在票据未到期前可以卖给第三者，这大大提高了资金的流转速度，促进了英国贸易的发展，也为当时的英国成为世界霸主奠定了良好的基础。

信用证产生于 19 世纪的英国，它是伴随着商业信用出现危机而产生的。随着国际贸易的发展，国际间的贸易量不断增加。贸易方式日渐多样化，贸易金额也随之增大。但由于国际贸易不同于国内的企业间做贸易，交易双方处于相距遥远的两个国家或地区。一般情况下，买卖双方对对方的资信状况、信用情况都不甚了解，对其所处国家或地区相关的政治、经济政策以及法律法规制度也缺乏必要的认识，当时普遍存在着进出口双方的相互不信任：进口商不敢在拿到货前付款；出口方不敢在收到货款之前放货，两方都害怕承担钱货两空的风险。信用证以其自身的优点克服了这一障碍，由银行出面担保，只要卖方按合同规定交货，就可拿到货款；而买方也无须在卖方履行合同规定的交货义务前支付货款。信息不对称问题因银行信用的介入而化解，从而受到各国进出口商的普遍欢迎和采纳。可以说，信用证是19世纪发生的一次国际贸易支付方式上的革命，为后续国际贸易的大发展立下了汗马功劳。

再来看看股票的产生过程：随着航海技术的突破及新大陆的发现，海外贸易成为暴富的路径。当时，对于欧洲没有生产的货物，如瓷器、香料、纺织品等等，运到欧洲后可以卖到很高的价钱。贸易公司做大的前提是要有非常强大的船队，但是没有人能够单独提供巨资来独自成立巨大的船队。为此，荷兰的东印度公司想到了通过发行股票来筹集资金。不过起初这并不是现代意义的股票，人们只是来到东印度公司的办公室，在本子上记录自己借出的钱，公司承诺本金可以赎回，并对这些股票分红。这就是荷兰东印度公司最初的筹资方法。后来东印度公司发现，本金可以赎回这一条款造成公司资金非常不稳定，对业务产生了很大的影响，于是宣布本金不能赎回，但可以享有一部分公司的所有权，而且还永久性地拥有利润分享权。大多数投资人被贸易的高额利润吸引，仍然非常踊跃地购买东印度公司的股票。

为了加速资本流转，荷兰的东印度公司还创造了新的资本流转体制——股票交易所。1609年，世界上第一个股票交易所在阿姆斯特丹诞生了。对于买了东印度公司股票的人来说，他们不仅参与了这个组织的经济活动来获得公司分红的利益，并且随时可以换回现金，吸引力大大加强。当荷兰东印度公司的第一批远航船队归来时，它的股票价格已经高出了面值的30%左右，而在公司成立100周年时，股票价格已经上涨了1 000倍。

荷兰东印度公司成功地将社会分散的财富，变成了自己对外扩张集中的资本。到17世纪中期，在金融创新的带动下，荷兰在航海业和世界贸易方面达到极盛时期，取代了西班牙海上霸主的地位，称霸海上，被誉为“海上马车夫”。

让我们再把目光转回国内,来看看明清时期发展起来的山西“票号”。自古以来,银两的长途运输一直是一个难题。如果想进行异地货物贸易,必须赶着牛车把银两护送到卖家手里,一路上可能遇到无数的强盗,极不安全。即使没有遇到打劫,光是解决长途跋涉护送队伍的住宿吃饭问题,可能一车银两运到目的地只剩下半车,交易成本相当高昂。票号的出现,让货币流通现状为之一改,解决了异地贸易的问题,让本来需要跨地区运物、运银子才能完成的贸易,只要送过去山西票号出具的“一张纸”,即“汇票”就可以了。这大大降低了异地货物贸易的交易成本。物资生产公司、商品企业可以把注意力集中在他们的特长商品上,把异地支付的挑战留给票号经营商,体现各自的专业分工。在交易成本降低之后,跨地区贸易市场就快速发展起来了。

阿里巴巴创立支付宝的初衷同样是为了解决商业生态问题。随着生活节奏的加快及交通成本的提高,人们越来越倾向于通过网上购物来解决部分生活所需,以节约时间成本及降低贸易中间费用。而线上贸易发展之初最大的痛点是无法“一手交钱,一手交货”,买卖双方之间的信任无法在短时间建立,卖家不看到钱不会发货,买家不收到货也不愿意付钱,如果不解决这个死结,线上贸易就无法大规模开展。传统金融的支付或清算体系无法或无意愿解决这个难题。支付宝开创性地建立了第三方信用:买家先把钱打到支付宝,卖家看到款项到达支付宝后安排发货,买家收到货后确认,支付宝再把钱转给卖家。这就解决了买卖双方之间的不信任问题。支付宝的核心不仅是支付,最主要是建立了第三方信用。可以说,支付宝这一金融工具的创新,极大地推动了国内线上贸易的蓬勃发展。

从以上几个例子可以清楚地看出,金融每一次向前推进都是基于解决商业生态的痛点。伴随着互联网技术的迅猛发展,人与人、人与物、人与场景的连接随时随地发生,人类逐渐从实体空间向网络空间迁徙,互联网对当前人类生活方式、组织方式、治理方式均产生革命性的影响。当商业生态随着大众的消费和投资习惯逐渐向网络迁移,一切基于此的金融创新绝非无本之木、无源之水。

二、信息技术的革新

金融业作为信息密集型行业，信息技术的每一次革新和大规模运用，都深刻地改变着金融业的面貌。

美国南北战争期间，北方联邦政府连续四年财政赤字，庞大的军费开支压得他们喘不过气来。通过加税和发行“林肯绿币”，联邦政府仅筹集到战争经费的34%，剩下的一大半只能靠发行战争债券筹集。因为资金充裕的欧洲在战争开始时就站在了南方一边，没有向北方提供借款的意愿，所以借款对象仅限于美国北方的银行家。美国自建国以来，证券投资一直是少数人的游戏，政府发行债券都是由银行家接盘。在最初的半年多里，北方政府还能从银行家手中筹集到足够应付开支的资金。然而到了1862年2月，当财政部试图再次销售一笔总额为5亿美元的债券时，却发现银行家们已经不愿意往这个无底洞中投钱。到6月底，这批债券只卖出了1 400万美元，联邦政府资金开始吃紧。

当时正值“电报”技术在美国普及。有一个小银行家库克主动请缨承销债券，创新性地使用电报技术来卖债券，成功地将战争债券的销售对象从少数银行家向普通民众扩展。他在费城建立了自己的销售中心，组织了一个2 500人左右的承销团队，分赴美国北方和西部各州，深入到了每一个边远的小山村。整个庞大的承销团队由库克通过电报来进行指挥。为了让普通人能方便地购买，他把国债份额拆分得很细，同时只收取很少的费用，唯一的要求是先在他的银行开户，只有经过这个银行才能购买国债。到1863年1月份时，库克团队每天的销售额达到100万美元。最终，5亿美元额度顺利售罄，甚至还超额出售了1 100万美元。1865年2月，库克又以同样的手法再次出售了8.3亿美元国债。直到战争结束，联邦政府共发行了约27亿美元国债，其中超过一半是由库克承销的，库克经营的银行因此名声大振。

试想当年如果没有电报这种快速信息传递技术的发明，仅靠不发达的交通来传递信息，是无法完成如此巨额的债券零售业务的。更重要的是，库克的销售活动成功开辟了美国国债零售市场，改变了普通民众对证券的态度和美国金融市场的面貌。在南北战争之前，美国的有价证券集中在最富有的一小部分人手里，但是库克使得5%的北方人口购买了国债。大量的国债持有者又催生了巨大的交易需求，让美国金融市场逐渐繁荣起来。美国作家和经济历史学家约翰·S·戈登在回顾这段历史时写道，华尔街因此“几乎是一夜之间成为了仅次于伦敦的世界第二大资本市场”。

在电报、电话产生以后，以电子信息技术为代表的技术革命是20世纪下半叶以来金融创新的最大原动力之一，极大地拓展了金融发展的空间。信息技术推动了金融市场交易和结算方式的创新，电子汇兑使得交易不受时间空间的限制，可以瞬间完成资金在全球范围内的交易和转移；信息技术还大大简化了人们对各种金融工具的收益、风险的模拟和计算，从而使推出复杂结构的金融产品成为可能，为投资者的风险管理和资产组合提供了便利。从此之后，金融的发展与信息技术紧密结合、水乳交融、相得益彰。

当中国历史上第一家票号“日升昌”凭借着“一纸之符信遥传，万两之白银立集”的承诺取信于天下的时候，他们不会想到一百多年后的银行已经实现了自由汇兑；当乔致庸坐在乔家大院里雄心壮志地筹划“汇通天下”的蓝图时，他不会想到一百多年后在网上银行处理异地转账业务仅需片刻之间；当库克为销售5亿美元国债而煞费苦心的时候，他不会想到一百多年后美国债券市场单日交易量已超过万亿美元。

预见未来，最不能缺乏的是想象力。回顾金融创新发展的历史，每一次历史变革都与技术的发展紧密结合。因此，当金融发展到互联网时代，也必将发生新的金融变革。这是一个从历史走向未来的大趋势。当前，互联网经济正在一次又一次地重塑传统产业，让传统产业焕发青春色彩。互联网不断地创造出新的商业模式、塑造新的经济形态、拓展生产可能性边界及降低生产成本和融资成本，互联网基因已经融入于社会经济运行的底层结构之中。金融作为经济运行的血液，大胆地拥抱互联网，主动融入“互联网+”的大潮中是顺应时代的必然选择。

第二节 金融的本质与功能

纵观历史长河，无数次的商业变迁、技术创新虽可以改变金融的发展速度和轨迹，但无法改变金融的本质和功能。前期互联网金融行业乱象百出，究其主因是部分从业者无视金融本质，打着“互联网金融”的旗号进行各种伪创新。因此，对金融的本质和功能保持清醒的认识，能够帮助我们在日新月异的互联网时代把握前进的方向，去伪存真。

一、金融的本质

不同的专家学者对金融的本质有不同的解读，在这里大致归纳为：金融是不同主体之间跨时间、跨空间的资源配置行为，集中体现在用各种金融工具、契约来实现资源的交换与匹配，解决的主要问题是资金供求双方匹配的实现渠道、价格和由此而产生的风险控制问题。

金融的核心是风险管理。西方经济学将资金的时间价值、资产定价、风险管理并列称为现代金融理论的三大支柱。对金融企业来说，为取得收益而管理风险是其成功的核心技能。花旗集团前总裁沃尔特·瑞斯顿（Walter Wriston）曾说过：“我们的一生是在管理风险，而不是排除风险。”对金融企业来说，设计产品和营销是非常重要的，但它们不是成功所必需的核心技能。金融企业必须找出风险，并从中榨出利润，通过区分定价适当的风险和定价不当的风险，从而在其业务中寻求发展。

风险管理对金融机构有重大的意义。首先从金融功能角度来说，几乎金融业的全部就是处理风险，金融机构的功能有两个：一是在各经济主体之间进行资金的配置，另一个就是在各经济主体之间进行风险配置，把风险从无力或不愿承担的单位转移到那些有能力或有意愿承担的单位。其次从金融机构的业务性质来说，金融机构的基本任务就是承担风险并从风险管理中受益。银行类金融机构的资金来源主要是各类经济主体的存款，而其又必须为这些存款支付时间价值——利息。所以金融机构的资金运用必须获得高于时间价值的收入，才能维持生存。任何资金的收入都由两部分组成：时间价值和风险价值。金融机构为获得高于时间价值的收入——风险价值，就必须通过承担风险来完成。金融机构只有通过管理风险才能获益和生存，而不可能脱离风险。

纵观国际金融机构发展史，风险管理是金融机构经营成败的关键因素。

在国内外金融机构的发展进程中，因风险管理不当而导致倒闭、被政府接管的案例不胜枚举。如近年来，国外有英国巴林银行倒闭、日本长期信用银行破产、美国长期资产管理公司关门；国内有海南发展银行、广东国际信托投资公司被关闭，以及光大国际信托投资公司、中国经济技术开发信托投资公司被撤销等等。这些反面的案例警示我们，风险管理是金融机构的生命线，是关乎金融机构经营成败的关键因素。

风险的双侧特征反映在金融机构风险管理的成败当中，任何风险都有双侧性，也就是说风险既是潜在损失，风险管理做得不好就可能带来损失；风险又是潜在收益，风险管理做得好，可以建立起良好的风险管理机制，为金融机构创造更多价值。在当前的市场竞争中，风险管理已经成为了各家金融机构参与竞争的成败决定因素。

金融在与互联网融合的过程中，不管是互联网企业涉足金融业务，还是传统金融实现“互联网+”，其履行一定金融职能的本质未变，风险管理仍是企业经营成败之本。“高速奔放发展”是互联网行业与生俱来的基因，其在一方面促成了技术的快速迭代，但也可能造成为了追求速度和效率而牺牲业务的安全稳健性。前期互联网金融行业的一些乱象多是由于缺乏“敬畏风险”之心造成的。尤其值得注意的是，传统的金融风险在互联网“开放”“即刻传播”的特性催化下，呈现出“高度传染性”和“快速转化性”的特点。

二、金融的功能

金融业发展到今天，体系结构已经非常庞大复杂，更拥有为数众多的细分子行业，但其核心功能一直未有改变。美国学者莫顿和博迪提出了著名的金融功能论，将金融的功能归纳为如下六个方面：(1) 清算支付功能，即金融体系提供了便利商品、劳务和资产交易的清算支付手段；(2) 融通资金和股权细化功能，即金融体系通过提供各种机制，汇聚资金并导向大规模的无法分割的投资项目；(3) 为经济资源的跨时空、跨行业转移提供便利；(4) 风险管理功能，提供应付不确定性和控制风险的方法；(5) 信息提供功能，为协调各经济部门的分散化决策提供价格信息，如利率和证券价格；(6) 解决激励问题，即金融体系解决了在金融交易双方拥有不对称信息及委托代理行为中的激励问题。

（一）清算和支付功能

在经济货币化日益加深的情况下，建立一个有效的、适应性强的交易和支付系统是经济发展的必要条件。可靠的交易和支付系统是金融系统的基础设施。清算和支付系统的发达，可以降低社会交易成本，促进社会专业化的发展，大大提高生产效率和技术进步。所以说，现代支付系统与现代经济增长是相伴而生的。

在第三方支付出现之前，社会主要通过商业银行的支付体系来完成绝大部分的交易活动。这给予了商业银行在接触客户方面的垄断性能力。以中国为例，当前官方的支付体系包括了大额实时支付系统、小额批量支付系统、支票影像交换系统、境内外币支付系统、电子商业汇票系统等一整套复杂的体系。不论是个人、企业甚至非银行金融机构，只要想通过转账完成交易就必须在商业银行开立账户。企业法人的取现行为受到严格限制，而且使用现金进行大金额交易成本非常之高。正因此，商业银行垄断性地拥有了接触每一个客户的能力，而且依托于账户活动，可实现对企业和个人经济活动的实时监控。在支付体系的基础之上，银行更进一步发展了代收代付、代发工资、借记卡、托管、现金管理等功能。

互联网时代下，商业银行的垄断支付功能受到互联网金融的冲击，以互联网支付、手机支付、预付费卡等为首的第三方支付业在电子商务的带动下在国内蓬勃发展。

第三方支付，就是具备信誉保障和一定实力的第三方独立机构与产品所在国的国内银行或国外银行签约，提供交易支持平台。其交易的达成仍需借助银行支付清算系统后台，但其打破了银行在接触客户方面的垄断能力，直接面对交易双方，将银行从交易的前台挤到了幕后。第三方支付模式的出现，在一定程度上解决了网上银行支付不能约束和监督双方的交易、支付方式比较单一的问题，以及在整个交易过程中，货物的质量、诚信不能得到可靠保证等。目前，第三方支付机构所具备的虚拟账户储值、支付结算、转账汇款等功能已与商业银行的账户功能十分接近。例如，支付宝、财付通和快钱等既可为个人用户提供信用卡免费跨行还款、转账汇款、缴费等多项支付服务，也可针对企业用户提供大额收付款、一对多批量付款等资金结算服务。

金融与互联网在支付功能上的融合，强化了金融行业重视客户体验的服务理念，倒逼传统商业银行提升服务水平，对整个金融系统的支付运行效率有较大的提升。

（二）融资和股权细化功能

金融体系的融通资金功能包含两层含义：动员储蓄和提供流动性手段。金融市场和银行中介可以有效地动员全社会的储蓄资源，使初始投入的有效技术得以迅速地转化为生产力。在促进更有效地利用投资机会的同时，金融中介也可以向社会储蓄者提供相对较高的回报。金融中介动员储蓄最主要的优势在于，一是它可以分散个别投资项目的风险；二是可以为投资者提供相对较高的回报。金融系统提供的流动性服务，有效地解决了长期投资的资本来源问题，为长期项目投资和企业股权融资提供了可能，同时为技术进步和风险投资创造出资金供给的渠道。

金融体系的股权细化功能主要表现在将无法分割的大型投资项目划分为小额股份，以便中小投资者能够参与这些大型项目进行的筹资活动。在现代市场经济中，公司组织发生了深刻的变化。公司经营大多倚赖职业经理人，这样的组织安排最大的困难在于非对称信息的存在，使投资者难以对资本运用进行有效的监督。金融系统提供一种新的机制，就是通过外部放款人的作用对公司进行严格的监督，从而使内部投资人的利益得以保护。

在融资和股权细化功能方面，金融与互联网的融合主要表现在P2P和股权众筹业务。

P2P网络借贷是指借贷双方通过网络借贷平台直接联系，投资者通过考察借款人的信用状况和借款用途等方面的信息，决定是否进行投资。所以说，在P2P平台上可以实现无中介的直接融资，借贷双方充分沟通，降低信息不对称，从而降低交易成本，提高交易效率。与传统金融机构更愿意服务资信状况良好的大中型企业不同，P2P主要为中小微企业及个人提供资金支持，汇集社会零散资金，从而在“有效地动员全社会的储蓄资源，使初始投入的有效技术得以迅速地转化为生产力”方面对社会产生积极贡献。同时，因其降低了交易成本，也可为投资者提供相对较高的回报。

股权众筹则是股权融资与互联网融合的有益尝试。股权众筹是指项目发起人出让企业的一部分股权，投资者按照约定的条件提供资金并换取股权，分享企业经营的效益。相较传统借助私募股权投资（Private Equity，PE）、风险投资（Venture Capital，VC）方等股权融资，众筹因投资门槛较低，更能细化股权及汇集社会零散资金，在降低融资人融资成本的同时，使大众也能享受到股权投资的高额回报。

（三）资源配置功能

良好的金融系统能够把资金从低效率的投资转向高效率的投资，提高资金使用效率，促进经济增长。

目前，传统金融业倾向对大企业或者有隐性担保的国企发放贷款，部分国企占据了大量的低成本金融资源，但产出效率低下；另一方面，拥有强大创新力和生产力的民营企业、中小企业无法得到金融资源的充足供应，或必须忍受非常高昂的融资成本，这极大地阻碍了社会生产力的提高和财富的创造。

互联网金融的出现使市场资源配置的效率显著提高。它一方面拓展了金融服务的可能性边界，为实现普惠金融提供了平台和渠道，另一方面也有助于转变经济增长方式，通过互联网金融对中小企业股权众筹、信用融资的支持，可以扩充内需、提升消费对经济的贡献率。在新经济新常态下，传统靠投资驱动的经济发展方式越发难以为继，刺激性经济政策效果不断降低，扩大消费、提振内需成为必然的选择，而互联网金融在促进居民消费方面将发挥越来越重要的作用，为普通大众提供体验良好的金融服务。

（四）风险管理功能

金融体系的风险管理功能要求金融体系为中长期资本投资的不确定性进行交易和定价，形成风险共担的机制。由于存在信息不对称和交易成本，金融体系的作用就是对风险进行交易、分散和转移。如果社会风险不能找到一种交易、转移和抵补的机制，社会经济的运行就无法顺利进行。

金融在与互联网融合的过程中，能够利用大数据技术、机器学习、区块链等技术提高对风险的识别及管理能力，同时P2P、股权众筹等小额、分散的交易形态，也有利于风险的分散和转移。

（五）信息提供功能

金融体系的信息提供功能主要体现在以下几个方面：在金融市场上，投资者可以获取各种投资品种的价格以及影响这些价格的因素的信息；筹资者也能获取不同的融资方式的成本信息；管理部门能够获取金融交易是否在正常进行、各种规则是否得到遵守的信息，从而使金融体系的不同参与者都能作出各自的决策。

金融体系本身就是解决信息不对称问题。互联网作为信息的高速公路，可以瞬时、分布式沟通信息，天生具有开放共享、人人参与的特征，在消除信息不对称方面作用显著。同时，互联网的留痕特征使其具有大数据获取与分析的先天优势，而大数据可以帮助金融业拓展用户行为分析。通过大数据分析技术，金融行业可以掌握用户的信用、金融、消费习惯，从而为提供个性化服务作出指导；大数据在风险控制领域也有广泛应用，比如可以不断完善黑名单和进行可疑交易监测等，或通过建立大数据模型，对借款人作交易习惯分析，从超越习惯的异常现象中发现风险。建模时考虑行业、区域、个人、对手、产品、交易、时间、内容等不同维度。通过与政府、舆情、诉讼、财务、招聘、海关等多个数据库连接，建立数据关联、数据匹配等逻辑性分析模型。

（六）激励功能

现代企业中所有权和控制权的分离产生了激励问题。金融体系通过股票或者股票期权解决了激励问题。通过让企业的管理者以及员工持有股票或者股票期权，将企业的效益与管理者、员工的利益捆绑在一起，从而使管理者和员工尽力提高企业的绩效，他们的行为不再与所有者的利益相悖，这样就解决了委托代理问题。

相较传统金融机构对员工较为保守的激励机制，大部分互联网金融企业均对管理层及核心员工授予一定的企业股票或期权，在最大程度上激发他们的工作动力与热情，从而实现股东价值最大化，这也是互联网金融行业能够维持高效创新、焕发勃勃生机的原因之一。

综上，互联网金融业务在多个维度均创新发展了传统金融的功能，金融与互联网能够深度融合具有深厚的理论依据与现实意义。

第三节　传统金融的痛点

金融体系的根本功能是为实体经济服务，什么样的经济形态、经济结构决定了需要什么样的金融体系支持。回顾过往三十多年的改革开放历程，我国传统金融业不断进取、锐意创新，为国民经济的快速发展起到了保驾护航的作用。但随着改革逐渐步入深水区，社会经济形态、消费结构等领域发生了一系列变革，引发了传统金融机构一系列痛点：

一、无法适应经济“新常态”的发展需要

当前我国正处于走向经济发展“新常态”，面临增长速度换挡期、结构调整阵痛期、前期刺激政策消化期的“三期叠加”挑战。长期趋势性因素和短期波动性因素叠加，国际环境不断变化，造成当前经济形势与金融环境尤为复杂。传统金融若故步自封，则无法完全拟合经济“新常态”的发展需要。

一是经济增速换挡回落，国内生产总值（Gross Domestic Product，GDP）由10%的高速增长调整为7%左右的中高速增长。过去30年我国经济保持10%的高速增长，2012年后下降到7%左右的增长水平。由于国际整体经济大环境转差，国内投资效率逐年减弱，原来靠投资驱动和外贸拉动型增长模式难以为继。在经济高速增长时期，银行可以依靠规模扩张来实现迅速发展，而随着“新常态”的到来，传统金融机构必须放慢脚步，向精细化、集

约化发展转型。

在前期刺激政策下，金融机构有不少资金沉淀在产能过剩行业、房地产行业或地方政府性融资平台。这些行业经过盲目扩张和融资后，呈现出高负债、投资收益率降低、资产周转速度下降以及贷款无法按时足额偿还等特征，使得商业银行、信托公司等传统金融机构经营压力大增，也影响了金融机构对创新型企业的资金供给。

二是经济结构发生显著变化。经济结构是经济形态的主要表征方式。从三大产业 GDP 比重看，2013 年第三产业占比首次超过第二产业，达到 46.1%；至 2015 年，第三产业占比已高达 50.5%，超过第二产业（40.5%）10 个百分点之多。

在第二产业占比最大的工业时代，金融的主要特点是为大企业服务，为扩大社会再生产积累资本。这个时期 80/20 法则在银行体系表现得非常明显，与工业时代的经济结构相适应。其发展的逻辑在于，工业时代的生产以生产实物产品为主，规模效应非常明显，通过扩张规模可以降低固定成本。这个时期，金融发展的内生逻辑是有利于大企业、大机构获得资金支持，因此银行必然汇集社会闲散资金向这些大企业发放贷款，为核心客户提供最好的金融服务。这是在工业经济时代由于资源和成本的局限，传统金融追求自身利润最大化的必然选择与内生逻辑。

伴随着第三产业在经济结构的占比逐步增大，其对金融资源的渴求也与日俱增，但很多新产品、新服务为虚拟的、无形的，公司拥有的是轻资产，没有大型机器、厂房、土地，很难用传统金融的方式进行定价，因而也很难从传统金融行业获取良好的服务。

三是经济增长方式的变革，由劳动力驱动、资本驱动转向技术驱动、创新驱动。一方面，人口老龄化趋势愈发明显，人口红利消失带来劳动力成本上升；另一方面，受自然资源、环境污染、进出口贸易等因素影响，外贸拉动型经济增长方式难以持续。这要求我们必须加快转变经济增长方式，大大提升技术对经济增长的驱动力、提升创新对经济增长的贡献率，将创新创业作为推动新经济增长的方向。

但是，传统金融机构因经营利润空间不断缩小，其支持民营企业、中小企业的试错意愿也在不断降低。作为技术创新、消费产业供给创新的中坚力量，民营企业、中小企业却面临金融资源支持严重不足的困境。

二、经营成本居高不下造成了金融排斥

曾看到过有人非议中国各城市最“高大上”的建筑都是当地的各家银行总部或分行，每家银行好像都在比拼谁的楼高，谁的楼豪华。但假想一下，如果一家银行的地区总部是一层简易板房，你敢把钱存到这家银行里去吗？

金融机构是经营信用的企业。在信息不对称的情况下，民众很难了解交易对象的实力，所以都倾向对基础设施等外在条件好的机构给予更多信任，认为其资金实力雄厚。因此，“高大上”的建筑是传统机构金融实力的体现。但“高大上”也带来了传统金融机构成本的上升。银行网点的装修、租赁成本最终都要摊到银行的经营成本里面。在传统金融模式下，为了抢占渠道拉动业务，银行等机构的物理网点越铺越多，员工规模也越来越大。金融业是人才密集型企业，人力成本较高，这些都造成了经营成本居高不下。因此，传统金融机构也倾向于向大客户倾斜，否则很难获得较满意的利润。

在这种背景下，金融排斥现象就不难理解。金融排斥（Financial Exclusion）的现象首先是在美国被观察到的，在英国被高度重视。20 世纪 90 年代经历过经济萧条和金融危机的银行业开始注重“价值最大化”目标，积极开展竞争。他们将创造银行 80%利润的富裕人群及大企业作为主要服务对象，而低收入及弱势群体成为被排斥在主流金融服务之外的人群。

金融排斥不是一个新现象，只不过在最近才被主流研究界所重视。能否获得核心金融产品（如信用贷款、保险、投资产品）是影响社会公平和谐的重要因素，金融排斥现象的存在导致如下严重的经济与社会问题：

第一，加剧贫富分化。金融排斥具有财富的负杠杆效应，是贫穷的放大器，导致“富人更富、穷人更穷”，这是金融排斥的最主要的弊端。

第二，导致区域金融荒漠化。对于边远、贫穷、落后地区，金融排斥意味着金融机构和金融服务的匮乏，进一步削弱了该地区的被投资能力，影响各

种资产市场的资源配置，导致排斥效应放大，最终形成区域性金融荒漠，制约经济的发展。

第三，加剧社会不安定因素。贫富分化加剧弱势群体的被排斥心理，容易导致愤怒等偏激情绪，引起群体对立甚至暴力冲突，不利于社会安定。

金融排斥的本质在于金融资源分配的不公平和不均衡，它是一种市场失灵现象，需要从理念、政策、监管、组织和技术等多个方面予以修正。

三、利率市场化冲击了传统的盈利模式

利率市场化提速以及随之带来的息差不断缩小，压缩了银行业的利润空间，银行净利润增速急剧下滑已成为不争的事实。利率市场化改革是我国经济发展和转型的必由之路，将使商业银行面临来自盈利模式、市场竞争和风险管理等全方位的挑战。中国银监会数据显示，2016 年商业银行平均资产利润率为 0.98%，同比下降 0.12 个百分点。随着经济体系转型升级，金融市场结构也会发生变化。在“大众创业，万众创新”成为中国经济“新常态”下双引擎的背景下，传统金融机构只有投身于“服务小微企业、服务创新创业、服务社会民生”的新蓝海中，才能找到新的利润增长点。

四、互联网深刻地改变了用户需求

互联网的产生将人类带入信息社会，信息通过网络高速流动。当前的互联网就像是水、空气这样的必需要素，只要生活在这个世界上，你将无法不需要它。例如我们到达一个新的地方，最先做的事情是问这里的 Wi－Fi 密码或连入当地移动网络。我们可以一天不吃饭，但是智能手机却随时要使用：上网阅读新闻、了解动态、搜集资料、完成工作已经是人们生活和工作中不可或缺的部分。作为全球性信息交换系统，它连接了一切可连接的人与物，彻底改变了信息的流通、组织与使用方式。

据统计，截至 2016 年 6 月，我国网民规模达 7.1 亿，互联网普及率达到 51.7%，网民数量连续 9 年位居全球首位。同时，随着移动通信网络环境的不断改善以及智能手机的进一步普及，移动互联网应用向网民生活深入渗

透，促进手机上网使用率增长，网民上网设备进一步向移动端集中：手机网民规模达6.56亿人，网民中使用手机上网人群占比由2015年底的90.1%提升至92.5%；从年龄结构来看，我国网民仍以10—39岁群体为主，占整体的74.7%。其中20—29岁年龄段的网民占比最高，达30.4%。

由以上数据可见，中国已进入移动互联时代。10—39岁的中青年群体成为最为庞大的用户客群。该部分人群的金融消费习惯和市场需求，较之以往金融机构注重的服务群体发生了很大的变化：需求由物理化、低效化和普适化逐渐向移动化、便捷化、个性化过渡。

从金融消费习惯来看，年轻一代追求便捷高效，对物理网点的黏性下降，传统金融机构的渠道结构受到广泛冲击。目前在银行办理临柜业务的多为60岁以上的老年人。网络一族经过简单在线验证即可采用快捷支付的方式满足个人跨行多账户的资金归集、支付、缴费等基本金融需求，同时在同一平台亦可实现理财、基金、保险、小额贷款等高端金融需求。用户对互联网平台的黏性进一步加强，割裂了用户对银行的依赖与联系。对商业银行而言，用户分流的作用必将愈发凸显，留住老用户和挖掘新用户的难度都将越来越大。

从客户习惯来看，年轻一代追求个性表达，注重通过社交媒体（如微信、微博、各类贴吧等）进行分享，对信息获取具有高度敏感性，试图时刻降低信息不对称对自己决策的影响。而传统金融机构的产品设计缺乏“以客户为中心”的服务理念，因成本原因也无法做到产品个性定制。同时，金融产品的信息披露机制多维持“高高在上”的态度，容易引起年轻一代的反感。

传统金融机构固有的“嫌贫爱富”思维让他们将多数目前财富积累有限的年轻群体定位为仅创造20%利润的长尾人群，对其提供的金融服务有限。这无形之中将他们推向了崇尚平等共享、进入门槛较低的互联网金融机构。如果传统金融机构不注重与互联网的深度融合，开始着手争取这部分年轻客户，一旦这部分人群的金融消费习惯养成，待他们随着年龄的增长成为社会财富拥有的中坚力量时，传统金融机构再作营销补救为时恐晚。

第四节　互联网金融为解决痛点提供了可能

针对上述传统金融在经济形态调整中产生的“痛点”，互联网金融能否有效解决呢？回答是肯定的，互联网金融的发展逻辑就是解决这些“痛点”。互联网的全覆盖性、可扩展性、低成本性，使得原来只为高收入群体或机构提供服务的金融业也能为普通民众提供服务。同时互联网可以实现积少成多、集腋成裘，可以将小额资金汇集成大额资本，进行投资和管理运用。更进一步，互联网的创新性和技术穿越性，使过往难以匹配的金融资源、金融服务与金融需求得以满足，从而让金融真正进入到普惠金融、大众理财、万众创新时代，具体表现为以下几点：

一、助力调整经济结构

“新常态”下，我国经济发展模式由传统的要素驱动、投资驱动正逐步转向创新和消费驱动。早在2015年6月份，李克强总理就在《政府工作报告》中明确提出，推进“大众创业、万众创新”，打造经济发展新引擎。而“大众创业、万众创新”的推动，离不开金融的支持。移动互联网技术、云计算、大数据技术的运用让金融服务更加便捷，服务人群更加广泛，满足了传统金融无法触及的需求，让作为“旧时王谢堂前燕”的金融业真正“飞入寻常百姓家”，弥补了传统金融难以顾及中小创企业的缺陷，推动了小微企业的发展，解决了他们各个阶段的融资问题，正成为“大众创业、万众创新”的坚实后盾和驱动力。

2015年7月，国务院又出台了《关于积极推进“互联网+”行动的指导意见》，指导意见中明确指出：“‘互联网+’是把互联网的创新成果与经济社会各领域深度融合，推动技术进步、效率提升和组织变革，提升实体经济创新力和生产力，形成更广泛的以互联网为基础设施和创新要素的经济社会发展新形态。在全球新一轮科技革命和产业变革中，互联网与各领域的融合发展具有广阔前景和无限潜力，已成为不可阻挡的时代潮流，正对各国经济社会发展产生着战略性和全局性的影响。积极发挥我国互联网已经形成的比较优势，把握机遇，增强信心，加快推进'互联网+'发展，有利于重塑创新体系、激发创新活力、培育新兴业态和创新公共服务模式，对打造大众创业、万众创新和增加公共产品、公共服务'双引擎'，主动适应和引领经济发展新常态，形成经济发展新动能，实现中国经济提质增效升级具有重要意义。"

互联网金融正是顺应了中央经济形态调整的布局，为经济结构向创新性转变、向互联网经济过渡保驾护航。

二、加速实现金融普惠

普惠金融又称包容性金融，强调的是通过完善金融基础设施，以可负担的成本将金融服务扩展到欠发达地区和低收入群体，以合理的价格提供便捷的服务，不断提高金融服务的可获得性。它的主要目的是让得不到传统金融服务的群体，例如小微企业、农户、贫困人群，以更合理的价格及时享受到金融服务。长期以来中国存在较强金融抑制的现象，中小企业和普通民众难以享受到良好的金融服务，银行贷款难和服务缺失的现象普遍存在。

工业经济时代的传统金融，是依靠物理网点提供金融服务，有限的资源供给能力决定其商业逻辑必然遵循 80/20 法则。80/20 法则将传统金融客户群体简单地分成普通客户和高端客户，即银行 80%的利润是由 20%的客户创造的。银行金融产品显著存在 80/20 法则。根据麦肯锡公司统计，"仅仅占比 2%的最富裕客户，利润却占银行个金业务的 60%左右，80%的客户几乎不能带来利润。"因此银行必然用 80%的资源去服务好 20%的高净值的 VIP 客户，对其余 80%的客户只能提供基础金融服务。这种基础金融服务客户体验差、效率低，并且隐藏着巨大的时间机会成本。

工业时代金融服务的供给特点决定这符合银行利润最大化的商业原则，但是 80%的客户巨大的金融需求难以得到满足。普通客户和高端客户具有不同的特征与关系。80%的普通客户和 20%的高端客户存在不同的价值属性：普通客户体现集合价值，其单位价值量低、服务成本低，集合价值衍生出集群价值，最终可以发展出社群金融，符合互联网金融为人民服务的本质，可以创造更大的综合价值。80%的普通客户需要的是比较标准化的金融产品，通过互联网可以聚合资源，增强集群价值密度。高端客户体现个人价值，单位价值量高且服务成本高，更适合线下定制化的金融服务。

在互联网金融时代，80/20 法则让位于普惠金融法则，受众决定一切。服务高净值客户转变为服务社会大众，将改变金融脱离实体经济的倾向。在互联网金融时代，客户的集体倾向、集群价值将取代追求单一大客户（VIP 客户），成为价值创造主流。

在互联网新经济时代，长尾理论极具应用价值。互联网时代的音乐、图书购买等行业的互联网化并创造“电商+物流”的销售模式，都可以用长尾理论解释。在互联网金融时代，大数据、智能终端、移动互联网、云计算、搜索引擎等互联网技术将得到广泛应用，长尾理论将会改变工业时代的 80/20 法则。原本处在需求曲线尾部的信息，变成了富含价值的资产。通过大数据和搜索引擎，可以搜集储存信息；通过数据挖掘和数据分析技术，可以提取有效的信息，亦可实现金融产品的个性化定制，可以对动态违约率进行精准定价。

余额宝、阿里金融、P2P 网贷等金融模式的出现，改变了银行业长期存在的 80/20 法则。阿里小贷服务的主要对象就是小微企业。在银行贷款市场中，小微企业处于长尾当中，数量众多、贷款额度小、风险高。阿里小贷利用阿里巴巴闭合的生态圈大数据，通过分析商户的订单量、物流、资金周转情况，自动发放贷款，效果良好。余额宝账户资金平均只有几千元钱，在理财市场中这部分客户处于长尾当中。但是数量超过 5 000 万的余额宝用户，就汇集起巨大的资金池。互联网金融使得长尾市场变成有重要影响力的蓝海市场。

三、降低机构经营成本

互联网存在不同于传统工业经济的技术属性，这是互联网金融普惠的重要技术基础。按照西方经济学的经典理论，生产存在边际成本递增和边际收益递减的作用和效果。然而互联网经济时代，当市场容量未满时，新接入一个设备的边界成本几乎为零，此时存在着边际收益递增规律，该规律成为网络经济最具价值的规律。接入网络的用户数越多，网络平台的价值量越以指数速度增长。阿里巴巴 IPO 得到全世界投资者的高估值，最重要的原因是其电商平台拥有数以亿计的用户。在这样的经济运行规则下，没有得到良好金融服务的长尾市场，将存在巨大的价值空间。

互联网金融具备互联网所特有的技术属性，可以降低经济运行成本和交易成本，提高客户之间关系属性的价值，从而可以在长尾市场中开展低成本的商业活动。互联网具备广泛接入性（连接性）、平等性、可扩展性等属性，因此能在低成本服务的同时，以其规模庞大的客户群体增强业务价值，为大众市场提供高增值服务。这将改变工业生产组织和服务模式，让小众市场和一对一定制化服务成为发展主流。

另一方面，与传统金融机构相比，互联网金融没有庞大的物理营业网点包袱，一切渠道的实现皆借助于几乎无成本的网络，从而可以轻装上阵，拥有极大的成本优势。

四、切合用户习惯需求

目前，互联网用户的金融需求主要表现在以下四个方面：

1. 基础性的金融需求

支付结算是最基础的金融服务，人民群众的衣食住行都离不开货币支付。尤其是市场经济改革日益深化，经济行为的货币化需要更加完善、便捷、安全的支付体系作为支撑。当前银行体系的支付存在着流程复杂、体验较差、成本较高等诸多问题。例如很多居民不方便缴纳煤水电费等社会服务费，汇款需要到银行排队等。新兴的第三方支付正是在满足群众缴费需求过程中得到了快速发展，很大程度上弥补了支付体系的不足，有效解决了人民群众的支付效率问题。

企业支付也存在资金使用效率低、支付流程复杂等问题，第三方支付为中小微企业提供行业综合解决方案，在支付领域为企业提供价值增值服务。第三方支付积累了大量的行业数据，以便其开展特定的融资类金融服务。例如易宝支付、汇付天下从在航空领域为代理商提供融资类支付中介的服务开始向众多领域进行支付扩展。

从总体上看，基础性支付服务在推动互联网金融发展中起到了不可替代的作用，这是个人、企业进行经济活动的基础性金融需求。第三方支付满足了人民群众基础性的金融服务需求，既是互联网金融创新发展的基础，也是其开展业务的基本出发点。

2. 安全性的金融需求

信用卡、住房贷款、理财产品等个人零售业务，是改善人民群众生活的重要金融产品，这些业务对应的是居民的安全性、投资性金融需求。但是这些金融产品在信息提示、销售、风险揭示、定价方面都存在一定的问题，特别是消费者没有专业的金融知识去识别判断。各家银行都有种类繁多的理财产品，也代销各大保险公司和基金公司发行的保险和基金产品。如何横向对比各家产品的收益？如何认清各类金融产品的风险？这些一直是民众难以解决的问题。

互联网金融利用网络信息平台搜集各家企业的金融产品，可以帮助消费者进行客观比较，其快速分享的特性也可以帮助人们降低信息不对称，提高自我保护程度。

3. 投资性的金融需求

伴随着中国经济快速发展，居民财富也在迅速增加。据兴业银行与波士顿咨询发布的《中国私人银行 2016：逆势增长、全球配置》报告显示，截至 2015 年年底，中国境内个人可投资金融资产总额约为 133 万亿元人民币，较 2014 年年底增长 24%，预计到 2020 年将达到 227 万亿元人民币。但普通民众面临着投资渠道不顺畅，投资渠道狭窄，投资品种不够丰富等问题。

互联网金融给居民提供简便、快捷、实用的理财服务，开启了中国普通居民理财市场的蓝海。各种现金管理类基金产品成为引领货币市场发展的主要推动力量。比如余额宝对接货币市场基金，为百姓提供远超于银行活期存款利率的理财服务，获得了巨大成功。传统银行的“宝”类产品也在不断地涌现，“宝”类货币基金的理财方式成为新金融常态。它不仅增强了民众的理财意识，同时也让投资者获得了实际收益。随着第三方互联网理财销售平台对接大众理财的蓝海市场，普通民众的投资性金融需求将进一步得到满足。

4. 社交性的金融需求

人是一切社会关系的总和。互联网改变了人与人之间的联结方式，新型社群组织不断涌现，产生了新的金融需求。比如人与人之间的借贷需求、信息共享需求、赠予需求等等。这些社交金融需求由特定的人际关系衍生而出，应用场景众多。

微信红包就是其中的典型代表，微信支付中的 AA 收款更是社交金融在支付领域中的典型应用。微信较好地开发和利用了“红包+微信”支付功能。“转账”可实现转账给微信朋友和面对面收钱两个功能。“付款”实现了通过收银台扫码枪扫描，便实现小额快捷支付的功能。“钱包”则对接银行卡和“零钱”。“零钱”实际上就是个人微信账户，这样便实现了无卡支付。

综上所述，金融与互联网融合较好地解决了传统金融的痛点，极大地丰富了金融的社会功能，有效增强了金融服务人民群众的能力，是真正的金融创新，具有强大的生命力及市场价值。

第二章

互联网对金融的革新

在互联网时代，许多传统行业在浪潮之下面临着不进则退的挑战。传统与现代、保守与创新都在这个时代产生着激烈的碰撞。互联网的发展打破了权威对于信息的垄断。超级链接将一个个分散的个体联结在一起，构成信息传播的复杂网络。这种分布式弱化了单个点对整个网络的影响，体现着去中心化的思想，每个节点都可以发挥一定的功能，让分享的边际成本越来越低，具有平等、开放、分享、自由等特点。在这种理念带动下，以用户思维、流量思维、迭代思维、痛点思维、大数据思维为代表的互联网思维应运而生。

互联网对金融业的革新主要体现在以下四个方面：一是为中国金融业实现“弯道超车”提供机会；二是影响了金融市场的定价及调控方式；三是促进了金融机构自我改良与革新；四是对金融风险管理提出了更高的要求。

虽然金融与互联网的融合有较强的内在逻辑与广阔前景，但两者迥然相异的基因使得融合过程注定是艰难的。金融追求保守稳健，互联网崇尚高效奔放，两者融合的过程不仅仅是金融简单地加载互联网技术，而是互联网逻辑与金融逻辑找到契合、互联网精神与金融精神相互激发、两者取长补短的过程。在这个过程中，传统金融的部分观念要更新，互联网的部分逻辑也要妥协，否则无法发挥出互联网金融的最大效用，甚至引发行业乱象。其融合方向应坚持以客户为中心、以长尾人群为重点、以风险管理为核心、以应用场景为基础、以技术驱动为手段、以实现盈利为目标。只有找对方向加以实践，方能使互联网金融真正提升资源的配置效率，令人们的生活更美好。

第一节　拥抱互联网时代

一、互联网带来行业变革

互联网作为20世纪人类最伟大的发明之一，正在深刻地改变着世界。第一、二次工业革命所缔造并维系了上百年的现代文明和市场秩序，正在被信息化的互联网革命重塑。

在互联网时代，许多传统行业面临着不进则退的挑战。传统与现代、保守与创新都在这个时代产生着激烈的碰撞。当微信重新定义了社交方式，阿里巴巴重新定义了电子商务，亚马逊重新定义了书店，滴滴打车重新定义了出行……整个世界的思维逻辑、商业模式都随着互联网的推进而发生着深刻的变化。

互联网对传统产业的革新遵循着由“轻”到“重”之路。最先改变的是商贸零售行业，之后是文化、娱乐、金融等高附加值的第三产业，最后将改变工业、制造业等第二产业，由互联网走向物联网。

（一）商贸零售业

商贸零售业是最先受到互联网大潮冲击的行业。网络拉近了人与人的距离，也拉近了消费者与商品的距离。在网上，消费者可以足不出户，挑选琳琅满目的商品，如今几乎任何实体店能够买到的商品，网络上都可以买到。在现今不断加快的生活节奏下，电子商务凭借快捷完善的线上交易系统，更加顺应了潮流发展。另一方面，相较于实体店高昂的租金成本，电商完全可以轻装上阵，为线上商品交易折扣与更大幅度的优惠活动提供了基础。

近年来，包括万达、百盛、新世界、沃尔玛等在内的大名鼎鼎的实体百货公司或超市在全国各地主动关店，大幅收缩阵线，是当前实体零售行业举步维艰的一个缩影。根据数据显示，2015 年 9 月份 5 000 家重点零售企业销售额同比增长仅为 4.6%。截至 2015 年 11 月 17 日统计的 76 家零售业上市公司 2015 年三季度财报显示，六成上市公司的营业收入和净利润双双下滑，且迄今没有好转迹象。

与之形成鲜明对比的是，根据中国电子商务中心的数据，2015 年，中国电子商务交易额达 18.3 万亿元，同比增长 36.5%，增幅上升 5.1 个百分点。其中 B2B（Business to Business）电商交易额 13.9 万亿元，同比增长 39%。网络零售市场规模 3.8 万亿元，同比增长 35.7%。由此可见，电子商务的市场份额不断壮大，增长速度不断加快。

（二）传媒业

以信息传播为核心的文化传媒行业受到了互联网大潮的猛烈冲击。在传统媒体时代，电视、报纸等占据非常重要的地位，是人们获取信息的主要渠道。网络的出现彻底改变了这一现状，互联网凭借其信息获取的及时性、低成本、高互动等优势，使得电视、报刊在大众媒体的竞争上越来越力不从心。

互联网力量取得话语权最好的例证是热闹非凡的 2016 年美国总统选举预测。如果有人从 2016 年初到大选前一天从来不上任何社交网站，只看《纽约时报》、《纽约客》、《华盛顿邮报》、美国有线电视新闻网（Cable News Network，CNN）这样的美国主流媒体，他一定会相信希拉里·克林顿能够当上美国新的总统。反过来，假如他从来不上新闻媒体网站，只上脸书（Facebook）、推特（Twitter）等美国主要的社交媒体，他的预感正好相反，因为他看到了社交媒体上许许多多支持唐纳德·特朗普的言论。

在选举日当天早上，《赫芬顿邮报》还在告诉读者希拉里有98%的当选概率，《纽约时报》还在显示希拉里获胜的可能性高达85%。其他媒体此前的预测也都差不多。美国主流媒体和选前的各类民意调查普遍看好希拉里。按照以往，权威媒体的民意调查结果基本和选举结果一致，希拉里胜选有90%以上的概率。但是结局恰恰相反：美国当地时间11月9日凌晨，美国第45任总统选举结果揭晓，共和党候选人唐纳德·特朗普赢得大选。特朗普的胜利让人相当震惊，美国传统的主流媒体从来没有错得这样离谱。

传统的主流媒体为何一夜之间失去了话语权？长久以来，传统媒体凭借垄断的地位和专业的形象，通过带有倾向性的报道，一直扮演着引领大众决策的角色。而互联网的普及和网络社交媒体的兴起，大大地丰富了大众获取信息、分辨真伪的途径。更为重要的是，互联网媒体一改传统媒体单向传播、无交互性的弊病，提供了双向互动的平台，给民众自由表达观点的权利，牢牢抓住了民众"平等、民主"的心理。由于以上这些特性，互联网媒体是民意最真实的反映。据媒体报道，在大选前一个星期，Facebook就通过分析用户发表或转发的关于总统选举的文章、评论、照片和视频等大数据，得知特朗普必定赢得大选。这就是依托于互联网的新媒体力量。

（三）服务业

随着移动互联网的发展，线上与线下的界限逐渐模糊，融合度越来越高。特别是服务行业，从线上选择、购买以及支付，再到线下进行消费的方式将会成为新常态。对于大多数年轻人来说，当决定出门旅行的时候，第一件事是打开携程、去哪儿、同程、途牛等在线旅游网站，进行网上预订机票、酒店及景点门票，提前规划旅游路线；当决定在外用餐的时候，可能先查询大众点评、美团等消费指南网站或App，查询餐厅评价及优惠信息；当决定看场电影或演出的时候，会随手点开格瓦拉等在线订票网站，订票、选座一次完成……线上选择与线下服务相互融合的商业生态不但拓展了消费客群，更提升了客户体验，可谓一举两得。

（四）传统制造业

互联网对商业环节的渗透和改造是逆向的，从与消费者最近的广告营销端开始，进入零售领域，随之渗透至分销环节，最终倒逼到生产制造环节。在此过程中，生产方式、管理理念、生产设备甚至原材料都将发生重大变化。制造业的互联网化是“生产—销售—消费”协同升级中的一环，其改造动力来源于下游流通端和消费端。下游互联网化、在线化、数据化程度越高，对上游制造环节的倒逼作用越显著。制造业转型的方向是由单纯“生产制造”转向“供应链协同”。举个简单的例子来说明“生产制造”和“供应链协同”的区别：一个服装工厂在6月1日接到品牌商的一个订单，生产A、B两个款式各1 000件衣服，要求7月1日前交货。这个工厂埋头苦干，保质保量生产出衣服，在7月1日前把货发出，这叫“生产制造”。而“供应链协同”的做法是，工厂在生产过程中了解到品牌商那里：A款式畅销，在6月中旬已经低于最低安全库存了，马上就要断货；而B款式滞销，尚有大量库存。那么工厂应该加速A款式的生产和交期，而延缓B款式的生产甚至减少订单量，这就是“供应链协同”。

在没有互联网的时候，一些优秀的企业已经在这方面进行了卓越的探索，比如思科、沃尔玛、丰田汽车、戴尔、华为等。而互联网作为一种广域的连接工具，完全可以更低成本地将供应链的上下游连接起来。通过数据协同可实现更大范围的供应链协同，在生产制造企业与下游的客户之间、上游的原材料商与设备制造商之间建立强大的协同效应。

另一方面，互联网正不断将生产过程智能化。德国一直在推动的“工业4.0”便是制造业智能化的典范。在整个制造流程上都会体现互联网的影响。从产品的设计、研发，到制造以及销售，均会采取众包的方式，让消费者参与到产品的设计和研发中来。现在越来越多的企业将研发、设计和制造中遇到的问题发布在网上，征求全社会的高手提供问题的解决方案，解决企业内人才匮乏问题。通过向社会公众征集获得满意的解决方案，实现了企业生产过程的外包化，取得了良好的协同效果。比如小米手机的生产过程中，有很多创新设计来自粉丝的创意与建议。

由此可见，从渠道到商业模式、从业务操作到营销渠道、从低附加值到高附加值，互联网对各行各业的变革在全面推进。

二、互联网带来新思维

互联网使人们获取信息的渠道得到了拓展，获得信息的速度也越来越快，所有信息都第一时间在互联网里交汇、碰撞。随着信息爆炸式的传播，人们对世界开始有了新的认识，其中最重要的表现就是人们的思维方式的改变。

在信息流动不够畅通的时代，缺乏信息的普通民众对于权威有一定的崇拜和畏惧心理，更多时候表现出对掌握信息优势的权威的遵从。互联网的发展打破了权威对于信息的垄断，超级链接将一个个分散的个体联结在一起，构成信息传播的复杂网络。这种分布式弱化了单个点对整个网络的影响，体现着去中心化的思想。每个节点都可以发挥一定的功能，让分享的边际成本越来越低，体现着平等、开放、分享、自由等思想。在这种思想带动下，互联网思维应运而生，以下是五个极具代表性的思维方式：

（一）用户思维

互联网时代下，信息不再是由一小拨儿人制造，每个人都是信息的发源地；信息不再是一点对多点的单向输送，而成为多点对多点的多向传播。

没有互联网的时代，如果一个用户对购买的产品和服务不满意，常态的反应是自认倒霉，下次再也不买这家的产品或服务，顶多是向周围的朋友抱怨，提醒他们一定不要去买。这种用户的意见只能在小范围内传播，对厂家的影响不大。而在互联网时代，用户的信息反馈和参与成本持续降低，消费者在选择产品和服务时，一般都会查询其他用户使用产品后的评价情况，借此来帮助自己作出决策。可以说，互联网降低了信息不对称，使得消费者主权时代真正到来。市场由工业时代的厂商主导转变为互联网时代的消费者主导，在此基础上建立的“用户至上”思维就不难理解了。

用户思维最为重要的有两点：一是用户体验至上。用户体验是一种纯主观的感受，是在用户接触产品与服务的整个过程中形成的综合体验。好的用户体验一定要注重细节,并且贯穿于产品或服务的每一个细节,这种细节一定要让用户能够感知到,并且这种感知要超出用户的预期,给用户带来惊喜;二是参与感的设计。每个用户都可能和素未谋面的消费者在某个购物社交网络中相互交流,分享各自的消费主张。他们渴望参与到供应链上游活动(如采购、设计甚至制造)的决策。亚马逊每次的董事会,总有一把空着的椅子,就是留给他们的顾客的,他们认为顾客是董事会的一员,应该主动邀请他们参与到企业的决策中来。

用户思维是互联网思维的核心,其他思维都是围绕用户思维在不同层面的展开。

(二) 流量思维

很多投资者对互联网公司动辄几十或上百亿的高估值不解。明明还没盈利的公司,如果按传统的市净率(Price to Book Value,PB)、市盈率(Price to Earnings Ratio,PE)或市销率(Price to Sales Ratio,PS)等方法估值,完全没有投资价值,为何众多 PE、VC 公司对互联网公司的投资热情依旧不减呢? 因为他们清楚地知道,对互联网公司的估值主要看市值和用户流量之比(P/U),这里所说的用户流量包括注册用户数量、活跃用户数量、用户访问频率等。在这些指标的背后,是对用户注意力的一种占有。

这是一个"信息过剩"的时代,也是一个"注意力稀缺"的时代。如何在"无限的信息"中攫取"有限的注意力",是注意力经济时代的核心命题。传统零售行业开店选址优先选择靠近主路、十字路口或地铁站附近,人流量是其主要的考虑因素。同样的逻辑也适合于互联网。流量是所有商业模式得以不断改进的基础,缺乏流量则一切无从谈起。

比如谷歌(Google)的核心商业价值就是"海量用户搜索",如果没有海量用户搜索,就不会有广告商会在 Google 上购买各种"关键词"的"点击量"。支付宝的核心商业价值就是从线上海量的用户向线下无限的客户扩展,增强客户黏性,即使适度收费也对客户数影响不大。腾讯的核心价值也是海量客户。随着用户数的急剧增加,腾讯从最初的即时通信变成了今天的网络媒体、娱乐和社交巨头。

互联网产品和服务都是数字化的，市场容量未满时新接入一个设备的边界成本几乎为零，故存在着边际收益递增规律，该规律成为网络经济最具价值的规律，也是流量成为互联网公司生命线的重要原因。

很多互联网公司初期为了吸引流量，或将产品定位为免费，比如淘宝、百度、腾讯、360都是依托免费起家；或采取高额贴补方式，比如滴滴、快的打车等，当流量及用户活跃度足够大且对它的产品或者网站产生了黏性，它就可以开始收费或导入广告，步入盈利的商业模式。

360最开始做杀毒的时候，采取了免费的模式，给整个杀毒软件市场来了个大搅局。所有人都盯着360，看它如何生存下去。360没有停留在只做杀毒软件，而是拓展了安全浏览器市场，在浏览器上嵌入病毒提醒或查杀功能。360的免费杀毒给其带来了中国几亿的用户，这些用户由于要下载各种手机游戏等软件，有相当大比例也开始用360浏览器，用户流量就有了保证。有了浏览器，就可以有搜索、导航，对广告、游戏推介等开始收费或提取分成，360真正的商业模式就建立起来了。事实证明，当360凭借免费杀毒软件拿到了几亿用户开始做浏览器后，360才开始了后来的盈利之路。

"羊毛出在猪身上"也是基于流量思维的一种互联网商业模式。它表达的就是"表面上对用户免费，其实只是实现了费用承担者的转移"这样一种逻辑。而想要成功实现费用承担者的转移，足够的流量是必要的保证。《免费》一书作者安德森归纳出四种基于核心服务完全免费的商业模式：一是直接交叉补贴，比如电信运营商已经坚持很久的存话费送手机；二是三方市场，广告商付费而消费者免费，比如百度的竞价排名广告；三是免费加收费，即部分用户免费，另一部分用户收费，比如网易邮箱的免费用户和收费用户；四是纯免费，比如维基百科，由热心人捐赠运营费用。除了第四种模式，前面三种都是交叉补贴的概念，都是通过费用承担者转移来实现收费。

目前在互联网领域，众多公司为了争取流量提高企业估值，纷纷采用免费或高额贴补的方式，但是这种商业模式的成功是要有前提的。一是产品或服务的质量要过硬。免费或低价的服务不等于低质量的服务，只有更出色的产品或服务才能吸引更多的流量，从而为后续交叉补贴提供基础；二是要有资金保证。在找到费用承担者之前，必须在前期投入足够多的资金进行规模推广，否则免费或贴补模式就会速死。比如2014年滴滴打车和快的打车进行的抢夺市场烧钱大战，在竞争最激烈的时候，几个月就烧掉了20—30亿元人民币，如果没有各自战略投资者巨头腾讯或阿里的支持，现金流恐怕早已断裂，成为众多探索免费或高额贴补模式失败企业中的一员。

（三）迭代思维

按照传统企业的经营模式，新产品的推出往往需要漫长的过程。从前期的项目论证到生产设备的购买，从原材料的选择到生产流程的设计，从营销方案的制定到销售渠道的选择，产品从开始设计到交付至消费者手中的链条很长，成本也相对较高，因而传统企业对新产品的成熟度要求较高，对新产品的推出也较谨慎。

而互联网企业则与之相反，"天下武功，唯快不破"。"快"是互联网产品的发展根基，在竞争极其残酷的互联网行业，如果产品开发过慢，很容易跟不上用户需求的变化或者创意被别人抄袭，因而在互联网行业不仅存在着"大鱼吃小鱼"，更存在着"快鱼吃慢鱼"。

另一方面，互联网企业较短的生产及销售链条也利于其快速推出新产品。互联网企业对产品不追求完美，允许有所不足，主张在快速迭代中完善产品。快速迭代，是针对客户反馈意见以最快的速度进行调整，融合到新的版本中，通过一次又一次的迭代不断让产品的功能丰满。所以，才会有微信在第一年发布了15个版本的纪录。

互联网企业获得消费者意见的反馈成本较低，也是其可以快速迭代思维的保证。传统行业企业收集消费者的意见成本较大，一般是通过问卷调查、电话访问等方式。消费者也没有便利的渠道进行意见反馈。而且最重要的是，通过这些方式收集到的意见不一定能够代表消费者真实的想法。但如果通过互联网的方式进行，反馈的成本几乎为零，而且十分便利。互联网企业可以直接收集用户的行为或反馈数据用于分析，即使仍然通过用户调查的手段，只需要通过一个网页，而不需要派一堆人发传单，再收集、整理传单。便捷的方式会让消费者乐于反馈意见，而且反馈的内容比较真实、迅速。

迭代思维是互联网产品开发中一种重要的思想和方法。非常多的成功产品应用了迭代思维，快速地改进产品或服务，实现从量变到质变，从而获得巨大成功。世界上很多真正成功的公司也都是从一个小的点开始做起的。比如Facebook，它的第一版本的主要目的是帮助哈佛的学生找男女朋友，当时扎克伯格只花了一两周的时间去编程上线。易贝（eBay）也差不多，简单来说，就是一个程序员为讨热爱收藏的女朋友欢心，创建了一个可以与其他人进行收藏与交流的渠道。目前我们使用的很多App定期地更新，也是迭代思维很好的实例。

（四）痛点思维

成功的互联网产品，无不解决了用户一个或者多个痛点。不断地寻找用户的需求和痛点，让用户由"痛"变为"痛快"，是一个商业模式成功的关键。

以支付宝为例，它之所以能够快速地获取海量用户，除了解决了线上交易时买卖双方互不信任的问题外，还解决了用户多个痛点。比如当时既有的银行支付体系无法完成跨行还信用卡，居民日常的水电煤缴纳也非常烦琐，需要拿着单子到指定便利店或者到对应公司的营业网点缴纳，耗时又耗力。支付宝则敏锐地发现了用户的这些痛点，在产品的迭代中不断加入新的模块，去绑定那些没有线上购物需求的用户。

用户需要新产品、新技术、新功能，但是创新一定要实实在在地从消费者需求出发。产品设计理念应该是以提升用户生活品质、解决用户痛点为目标，而不是一味地标新立异，制造一些不切实际、只有噱头没有实用性的产品。只有洞悉消费者内心真正的需求的产品才能为企业带来真正的利润增长点。

（五）大数据思维

在互联网时代，信息的爆炸、繁杂让我们时时刻刻都处于信息的围绕当中。然而，只有部分信息对我们有用，其余的信息都可以作为废弃信息或者是垃圾信息弃之不用。那么,这是否意味着垃圾信息和废弃信息就一定是无用的呢?事实并非如此,很多信息相互之间有所关联。只要找到这个关联,那么信息的二次使用便也顺理成章。

这种寻找信息之间关联的思维便是大数据思维。大数据思维就是要通过大量数据的收集与分析,获取有价值的信息,并利用这些信息为企业经营决策提供依据,即通过数据处理创造商业价值。

大数据思维可用于精准化营销。在传统商业时代,依靠传统的市场调查、市场分析方法没有办法定位到每个人的需求和感知,而这一点在互联网时代却可以做到。通过用户数据路径的全程记录与分析,每个人都在互联网上保存了自己的数据资产,每个人都是可以被定位、被区分、被连接的。比如,你想买一款电动剃须刀,登录购物网站后,还没等搜索,就已经有两款适合你的电动剃须刀显示在页面上了,而且还是你心仪的牌子。为什么网站能了解你的需求?很可能是因为你刚刚在微博上跟朋友讨论过什么牌子的电动剃须刀最好用。Google 的伟大之处和可怕之处,就在于与每个人都建立数据接口,打开了个人隐私之门。而 Facebook、微信的伟大之处和可怕之处,在于将现实环境中的人际关系整体搬迁到网络。当个人的所有数据都被一家公司掌控得一清二楚时,只要这家公司愿意,它就可以变身为你的终身生活助理,成为最了解你需要的伙伴,或者挖掘到它想知道的一切。

未来的大数据将更好地解决社会问题、商业问题和科学技术问题。有了大数据,医疗机构将实时监测用户的身体健康状况;教育机构将更有针对性地制订用户喜欢的教育培训计划;服务行业将为用户提供即时、健康、符合用户生活习惯的服务;社交网络将能为你提供合适的交友对象,并为志同道合的人群组织各种聚会活动;金融机构将能帮助用户进行有效的理财管理,为用户的资金提供更有效的使用建议和规划;道路交通、汽车租赁及运输行业将可以为用户提供更合适的出行线路和服务安排。有了个性化的数据作支撑,这些服务将变得更精准、有效,每个人都可以享受大数据带来的福利,这就是互联网时代“以人为本”最好的体现。

第二节 互联网对金融的革新

每一次时代变换,都赋予了人们一次重新站到起跑线上的机会,顺势而为,方能伫立潮头。

以蒸汽机的发明和被广泛使用为标志的第一次工业革命发生在英国,开创了机器代替手工劳动的时代,也使英国成为了当时的世界霸主。美国抓住了第二次工业革命机遇,19 世纪 60 年代开始在国内大力推动电力、电动机、内燃机等先进技术的使用,极大地提高了社会劳动生产效率,加速了成为世界新一代霸主的进程。如今,互联网时代形成的分布式、可再生、低成本的通信互联网、能源互联网、物流和运输互联网以及规模更加宏大的物联网,造就了第三次工业革命。中国已将目光投向第三次工业革命,“互联网+”战略已于 2015 年 3 月被定义为国家战略。互联网不仅仅是一种工具,更是一种能力,一种新的 DNA,与各行各业结合之后,能够赋予后者以新的力量和再生的能力,从而提高各行业运行效率。这是中国难得的发展机遇,在愈发复杂的国际政治经济环境下更显弥足珍贵。

金融业作为国家经济运行的血液,同样要响应国家号召,抓住与互联网融合创造更高生产力的历史机遇,实现中国金融业的“弯道超车”。

一、提供了“弯道超车”的机会

过去几个世纪以来,金融渐成国际政治经济竞争之关键词,金融领域的竞争正逐渐成为国家经济竞争的核心内容。纵观近代大国兴衰,除了工业革命对国家实力产生巨大影响外,金融竞争也在很大程度上决定了大国崛起的进程。从 17 世纪到 20 世纪初,荷兰、英国和美国先后成为世界霸主,在其崛起进程中,金融创新和金融力量对经济起到了加速作用:

(一) 17 世纪的世界经济霸主——荷兰

荷兰高效和健全的金融体系首先得益于 1609 年成立的阿姆斯特丹银

行。阿姆斯特丹迅速成长为欧洲储蓄和兑换中心,为荷兰的对外贸易扩张提供了极大的便利。

在金融市场方面,阿姆斯特丹被誉为"17 世纪的华尔街"。1609 年,世界上第一家证券交易所在阿姆斯特丹成立。到 17 世纪中叶,阿姆斯特丹已成为欧洲的股票交易中心。其证券交易所已经类似于现代证券交易所,不仅存在着买方与卖方之间的直接股票转让,而且也存在着通过证券经纪人进行的间接股票转让。当时已产生了期货交易,并产生了"多头"与"空头"。

阿姆斯特丹银行和阿姆斯特丹股票交易所的设立,加速了荷兰的货币流通,而阿姆斯特丹随之拥有的国际清算中心、国际贵金属贸易中心和欧洲股票交易中心的地位更是极大地促进了荷兰货币的流通。货币资本流动性的加速使得荷兰的利率比其他欧洲国家都要低得多,有效地支持了荷兰贸易和经济的高速扩张。同时,荷兰货币也逐渐成为世界贸易中广受人们信赖的货币。荷兰开始在欧洲范围内发行货币,享有铸造货币所带来的巨大收益。

(二) 18—20 世纪上半叶的世界经济霸主——英国

17 世纪后半期,荷兰人的霸权受到了英国人和法国人的有力挑战。面对逐渐衰落的荷兰霸权,从 1689 年开始,英法两国为争夺政治经济优势地位和殖民地而进行了长达一个世纪的斗争,直到 1763 年英国取得胜利而告终。在 17 世纪末英法争霸初期,法国其实处于优势地位。1689 年时,相比英国,法国显得更为强大,因为法国拥有 4 倍于英国的人口和更为强大的军队,它还拥有丰富的自然资源、优良的港口和海军基地,更为重要的是法国的工业生产在持续增长,而英国的增长速度却减缓了。所以,从 1689 年起,英国开始面临着一个远比以前的西班牙或荷兰更为可怕的强敌——法国。但英国却最终取得了这场号称"第二次百年战争"的胜利,正如许多学者所认为的那样,始于 17 世纪 90 年代的英国"金融革命"是英国取得英法百年斗争胜利的一个决定性原因。

钱是战争的支柱。在战争时期,国家不仅需要更多的钱,而且需要立刻将钱筹集起来。因此，一国的财力和筹集资金的能力成为决定一国战时成败的关键因素。英国取得英法百年争霸的胜利，离不开伦敦发达的金融市场的支持。伦敦的金融市场是随着英法战争早期政府的庞大融资需求蓬勃发展起来的。1695 年，英国皇家交易所就已买卖公债以及东印度公司和英格兰银行的股票。随后，阿姆斯特丹资本市场的各种交易方法都在伦敦再现。到 18 世纪后半期，伦敦的资本市场开始超越阿姆斯特丹的资本市场，确立其支配地位。伦敦金融市场的繁荣，扩大和深化了政府债务市场，英国政府发行的债券越来越受外国投资者欢迎，其融资成本也大大降低。与法国相比，英国可以以较低的利息筹集到更多的资金，1752 年到 1832 年期间，法国政府支付的公债利息基本都是英国政府公债利息的两倍以上。较低的利息负担使得英国可以筹到更多的钱用于建设庞大的海军和国力的发展。

国际金本位制度的建立，确立了英国世界金融霸主地位，英国支配了世界金融体系，直到该体系在 1914 年崩溃为止。该体系一方面为英国在世界各地的经济扩张提供了非常便利的条件，英国开始赚取大量的无形信用收益——商业佣金、海外汇款和来自投资等方面的收益。1914 年，英国境外投资总值居各国之首，约占西方国家对外投资总值的 41.8%，英国从海外投资中获得了高额利润；另一方面，英国通过英格兰银行管理着世界金融体系，维护其金融霸权。

（三）20 世纪下半叶以来的世界经济霸主——美国

1944 年《布雷顿森林协定》建立了以美元与黄金挂钩、各国货币与美元挂钩为主要内容的国际货币体系。布雷顿森林体系确保了美元在国际货币体系中的核心地位，它的建立标志着美国在国际货币金融领域霸权地位的初步确立。

同时，美国拥有世界上最为发达和先进的证券市场，它拥有世界上规模最大的证券交易所——纽约证券交易所。纽约证券交易所的历史可以追溯至 1792 年，回顾美国证券市场两百多年的发展历史，证券市场在美国经济腾飞过程中扮演了重要的角色。南北战争期间，华尔街革命性地向公众发售战争国债，帮助北方政府进行了大规模的战争融资，使之最终战胜了在财政方面陷入困境的南方政府。在史无前例的工业化进程中，以 J.P.摩根为代表的华尔街人为美国成长为世界最大的经济体筹集了所需的巨额资金，有力地推动了由铁路带来的第一次重工业化浪潮。而美国在两次世界大战中获得的巨大经济利益，以及近年美国高科技产业的兴起都离不开证券市场的大力支持。可以说，在美国经济发展和腾飞过程的每一个阶段，以华尔街为代表的证券市场承担了不同的历史使命，在很大程度上，华尔街推动了美国从一个原始而单一的经济体成长为一个强大而复杂的经济体。

强大的金融衍生品市场也是美国经济繁荣发展的有力保障。芝加哥期货交易所（Chicago Board of Trade，CBOT）成立于 1848 年，1865 年该所用标准的期货合约取代远期合同，标志着现代意义上的期货交易诞生。美国作为世界衍生品市场的发源地，其衍生产品的创新远远走在世界前列。衍生品市场所具有的远期价格发现、风险转移、增强流动性及促进资本形成的功能弥补了原有市场的不足，大大提高了整个经济系统运行的效率。可以说，美国经济在经历了网络泡沫破灭、“9・11 恐怖袭击事件”后依然保持健康稳定的增长，美国发达的金融衍生品市场功不可没。正是虚拟经济的高度繁荣，正是各种衍生品强大的风险对冲功能，美国实体经济的风险才得以实现转移。

由以上分析可见，荷、英、美三国的崛起历程表明，金融创新和金融力量的强大对一国崛起具有巨大的引领和推动作用。与同时代的其他国家相比，三个国家无不在其大国成长过程中建立了高效、强大的金融体系，三个国家凭借它们在国际金融体系中的核心地位享受着巨大的经济收益和特权。

因历史等客观原因，中国金融市场起步较晚，目前依然在初级阶段，许多金融业务比如保险、股权、借贷、征信、理财、消费、支付等都是舶来品，这些领域几乎都不如国外市场成熟。中国金融业相对落后是我们应面对的客观事实。

互联网时代的到来，使中国金融业迎来了“弯道超车”的机会。2013 年 6 月余额宝横空出世，中国用户惊叹原来理财可以这样简单。随后各种机构的“宝宝类”理财产品相继问世，大受用户青睐，让大多数用户接触到了货币基金。与国外传统货币基金相比，余额宝不仅可以还信用卡，还能直接消费，中国已实现了该领域的“赶超”。

在移动支付领域，中国进展更快。腾讯和阿里展开了耗资数十亿美元的补贴大战，从出租车车费支付到零售商超，现在去市场上走一圈就会发现，大量的需要支付的场所均已经铺设了支付宝或者微信支付的扫码工具。一些饭店还可以通过手机直接优惠买单，理财体系、支付体系与营销体系完全打通。几年前人们感叹日本 NFC（近距离无线通信技术，Near Field Communication）支付发达，美国 POS（销售终端，Point of Sale）刷卡方便，连出租车都支持刷信用卡，现在中国手机支付、网络支付对社会支付体系效率的提升早已超越了国外。

目前，中国金融体系迎来了新一轮改革。从改革内容看，前一轮改革是机构改革和存量改革为主，对已有的银行机构进行股份制改造。而新一轮的金融改革则是推动市场化进程，寻求新的突破点，进行增量改革，进一步丰富金融市场，提高市场运行的效率。随着互联网等新技术在信贷市场、证券市场、理财市场等多个金融领域的更加深入地运用，年轻的中国金融定可实现“弯道超车”，助力中国在世界上拥有更大的话语权。

二、影响了金融市场的定价方式

作为一种全新的金融服务方式，互联网金融对金融市场的定价机制、调控及监管方式等都产生了较大的影响。

互联网金融加速了利率市场化进程。利率市场化是将利率的决策权交给金融机构，由金融机构自己根据资金状况和对金融市场动向的判断来自主调节利率水平，最终形成以中央银行基准利率为基础，以货币市场利率为中介，由市场供求决定金融结构存贷款利率的市场利率体系和利率形成机制。

利率市场化的推进可以更好地提高金融市场的资源配置效率。不论是 P2P 机构、互联网理财、直销银行，还是网络银行等，在资金价格上基本上是市场化的定价机制及市场化价格水平，对传统金融市场定价行为具有较强的渗透能力。互联网金融的定价机制及价格水平是真实市场需求的反映。一方面,其市场化的定价行为可以倒逼银行等传统金融业务更加迅速地向市场化的定价方式推进;另一方面,互联网金融的市场化定价机制可以为利率市场化改革提供参考样本,促成金融市场定价体系改革的过渡,提高利率市场化的推进效率。

随着互联网金融规模不断扩大,其对货币政策等调控方式的影响不可小觑。互联网金融将从以下几个方面对货币政策产生影响:首先是影响货币中介目标。互联网金融分流了大量的货币资金,货币中介目标(如M2)的可控性和可测性都会受到影响。其次是影响货币政策的传导渠道。比如,原来的货币政策传导渠道主要是央行通过商业银行传导到整个金融市场,对各类经济主体的消费、储蓄、投资等产生影响。而随着大规模的互联网理财的出现,不可避免地发生了存款"搬家"和分流,在银行等传统金融机构之外,产生了更多的金融渠道,货币政策传导途径也因此受到了影响。再者,影响货币流通速度。各类"宝宝类"理财产品,增强了货币的流动性,社会公众使用效率大幅提升,货币流通速度得以加快。最后,互联网金融对货币政策工具将产生影响。再贴现、存款准备金和公开市场操作是央行的三项主要货币政策工具。在互联网金融环境下,有些货币政策工具的效能会逐渐弱化,如在存款"搬家"的情况下,存款准备金的作用就会打折扣。因此,随着互联网金融规模的扩大,监管层应逐渐将其纳入监管体系。

互联网金融机构的运行模式也给监管部门的监管方法、理念、方式等带来了挑战。如监管部门在对银行的监管上,设有资本充足率、拨备覆盖率、流动性比率、贷款的五级分类等各种监管指标,对银行的表内业务和表外业务也有着清晰严格的区分。互联网金融机构在监管规则上若与传统金融机构不同,会出现监管套利的问题。但如果完全套用传统金融机构的监管模式,其创新的动力又有可能被抹杀。如何找到一套既体现灵活性又不失统一性,既能防止监管套利又能体现监管差异的监管规则和机制,是摆在监管者面前的一道难题。而这将使金融市场的监管方式发生新的变化。

三、促进了金融机构自我改良与革新

（一）银行业

互联网金融的迅猛发展给我国传统商业银行带来了机遇和挑战，已经从多个角度对商业银行产生了影响。

1. 扩大了商业银行的金融活动边界和领域

互联网金融使商业银行从封闭的、内循环的金融空间走向更加开放的、共享性的金融空间，金融活动领域和范围都得到了大幅度拓展。互联网金融具有超越时空限制、覆盖广泛的特点。利用互联网的这种特性，商业银行可以把金融服务及时准确地推送到各种不同类型的金融消费者面前。比如，之前出于网点成本考虑，商业银行对边远农村地区供给不足，导致了金融服务供给的城乡二元结构。但互联网金融业务可以使商业银行随时随地地向这些地区提供金融服务，利用网络支付、手机支付、手机银行等向这些地区提供服务，客户的范围更加广泛。

随着网络经济及电子商务的发展，网上商家已经形成了一个巨大的市场，规模庞大的网上商家有着很强的金融需求。在互联网金融的带动下，商业银行开始关注这个市场，并积极布局成立电商金融服务机构，以便可以更好地涉足新兴行业或产业，市场潜力巨大，发展前景广阔。

2. 加速金融脱媒，重构银行格局

互联网金融的发展打破了原有的银行业格局，从支付和融资两个渠道加速金融脱媒。支付方面，网络支付、移动支付、微信支付等各种新型支付方式创新不断，层出不穷，应用场景不断增多。新型支付凭借其高效、便捷的应用体验逐渐被广大消费者接受，渗透到了日常生活的各种支付应用中，使商业银行的角色从前台转到了后台。

融资方面，在我国以间接融资为主的金融市场结构中，商业银行一直扮演着主导角色。互联网金融的发展为市场提供了一种全新的融资模式，依托交易平台，金融消费者可以高度自由、高度自主地实现资金的交付与获取。在贷款业务上，互联网金融的 P2P 平台根据消费者的需求打造了诸多灵活的信贷产品，对商业银行的贷款业务目前冲击虽然不大，但增长势头强劲。同时，互联网企业开展的供应链金融服务（如京东商城推出的“京东白条”产品）也会影响到商业银行的贷款业务。

在存款业务上，P2P 平台及互联网理财产品对资金吸引的力度不断增加，分流了商业银行的存款规模。在汇款业务上，具备网络支付、移动支付等业务的第三方支付机构为消费者提供了多样化的支付服务，而这一领域正是商业银行的重要中间业务之一。在第三方支付机构的冲击下，商业银行的支付前台角色被逐渐弱化，出现了一定程度的市场替代。

3. 推动银行向轻型银行转型

当前，受宏观经济下行的影响，市场对信贷需求不足，银行业信贷投放谨慎，风险加大。同时，在资本充足率等因素的影响下，银行业对资本高度重视。为此，向轻型银行转型，通过对风险加权资产的合理调控，更好地释放资本空间，缓冲资本压力，提升流动性能力是众多银行的主要发展方向之一。其中，支付结算、供应链金融、资产托管、私人银行、投资银行、交易型银行等业务是轻型银行的重要载体。互联网金融在上述方面都有所涉及，通过网络平台与上述传统业务相结合，将这些业务以现代化方式经营，提高了效率、扩大了覆盖面，将银行业务变得“更轻”，符合了银行转型的需要。例如，手机银行业务在互联网大潮的推动下已经成为商业银行的主打产品，各家银行在手机银行业务的开发和推广上均不遗余力，一些银行近期还推出了手机银行全免手续费的做法，在很大程度上促进了轻型银行的发展。

（二）证券业

互联网金融对证券业的影响主要表现在以下几个方面：

1. 线上业务成为券商积极布局的重点

券商通过线上开户、线上支付等业务，积极与流量平台对接引流，通过各种途径切入互联网金融业务。目前已经有 55 家券商获得证券业协会颁发的互联网证券业务资格，通过网站、App 以及微信公众号的形式，提供开户、打新、业务介绍、理财、交易、财经资讯服务、行情信息、投资建议等功能，帮助企业来获客、扩大交易规模。目前微信平台是券商的发力重点，券商网站与App存在流量少、获客难等问题，微信服务号则依托微信的庞大用户群以及社交关系、传播途径，有一定的获客优势。很多券商都已在微信端实现账户开立绑定、投资顾问、资产、行情、理财产品销售等服务。加强与互联网企业的合作也是券商发展互联网证券的重要路径，通过与搜索引擎、炒股App、投资社区等网络平台合作，批量导入用户。例如腾讯自选股App与中山证券、国金证券、中信证券、海通证券等多家券商均有开户链接合作；方正证券、平安证券、国联证券等券商与投资社区雪球有相关合作；国金证券与腾讯合作推出佣金宝，以低佣金、网上开户、理财服务为特色。

2. 促进券商线上经纪业务的开展，大幅降低手续费

互联网金融的发展，使券商线上开户、线上交易成为可能，其在一定程度上降低了券商的运营成本，也使客户享受了手续费降低的优惠。如国金证券在2014年2月推出佣金宝产品，在佣金费率上大幅低于线下开户，只有万分之二，比线下开户的佣金从万分之八到万分之十五大幅下降。华泰证券利用互联网业务采用了“万三开户”的策略。国元证券、中山证券等也分别推出了互联网产品，通过线上开户降低佣金。从券商的实践效果看，这些举措取得了不错的效果，线上开户的比重处于增长态势。

3. 推动券商线上账户的创新开展，转向综合型服务平台

长期以来，券商资金由银行托管的事实导致了其账户割裂的现状。在这种割裂的情况下，客户资金的支付功能一直无法应用，保证金也难以有效激活。一些大型券商如国泰君安通过创新账户功能切入互联网金融业务。其主要思路是，创设“君弘一户通”，与人民银行的大额支付系统进行连接，通过这个账户将客户的证券资金、期货资金、信用资金、资产管理等各类账户进行统一管理。这种管理模式可以将账户的各种应用有效激活，日常的支付功能、资金汇划功能均可以实现。客户通过这个账户可以实现汇款、储蓄、理财等多项业务，极大地便利了消费者在证券账户中的应用。

（三）保险业

1. 扩大了保险业市场规模

保险业与互联网金融的结合，激发了新的市场需求，市场蛋糕被做大。

一方面，互联网金融本身的发展内生性创造出对保险业的新的市场需求。如消费者网络支付过程中的信用保险、电商购物中的退货运输险、P2P网贷过程中的借款人履约保证保险等，还有一些网络理财等也伴随新的保险需求的出现而出现，推动了保险行业市场需求的扩大。另一方面，互联网保险的出现极大地提升了保险行业的获客能力。传统保险业务的开展主要依赖推销与推广，效率低，覆盖面有限。互联网保险的出现使这种情形发生根本的变化，通过网络平台、App、微信、微博等社交网络、移动网络都可触达消费者，服务成本大幅下降，购买保险的便捷性大幅提升，长尾需求被有效开发出来，规模效应得以实现，保险业边界得到拓展。

2. 创新了保险产品形态

在互联网保险形态下，通过大数据的挖掘和分析，保险公司可以根据客户的消费习惯、消费偏好、社会特征、客户个性、财务状况、信用等级等，设计出不同费率和具有个性化的保险产品和服务。在这种模式下，交互式研发成为主要方向，新产品的研发流程大幅缩短，对客户的反应更加敏捷，客户的体验大幅改善。同时，通过对大数据的综合分析和运用，现代网络信息技术可以快速地转化为生产力，形成新的产品研发方式和产品创新形态，与前端市场高度对接，满足市场需求。

3. 改变保险业定价体系

互联网保险可以利用大数据业务对风险进行细分，为风险定价提供更为精确的支持，形成新的风险定价机制。在互联网保险下，新的产品不断涌现，定制化产品、差异化产品有其特有的定价方式和定价体系，不同的客户对各类互联网保险产品的需求、偏好不同。因此，这些不同反映在价格上，定价机制也不尽相同。同时，与线下保险业相比，互联网保险定价也更为灵活，自主空间较大，对促进保险业市场化定价方式的形成有着很大的促进作用。

4. 重塑保险业的营销模式

在互联网时代，传统保险产品的线下营销渠道逐渐被线上营销、移动营销加速替代。去中介化的线上营销方式有利于提升保险销售的顺畅度。在传统保险销售中，保险公司与客户之间存在着较强的信息不对称性，消费者处于信息弱势地位，导致保险销售中存在关卡和阻碍。但互联网保险形成了去中介化态势，信息不对称被消除。客户对产品了解得更多，也有了更多的自主选择权，形成了高度顺畅的营销体系，大幅提高了营销效率。

四、对风险管理提出了更高的要求

互联网金融的本质是金融，金融机构面临的所有风险都会在互联网金融机构发生，并且在金融边界扩大和跨界的背景下，风险的传染性和波动性会大幅增加。

（一）互联网金融风险分析

根据巴塞尔银行有效监管的核心原则，金融风险按其成因可被划分为流动性风险、市场风险、信用风险、操作风险等类别。在金融与互联网融合的过程中，由于互联网某些特质的加入，这些金融风险在诱发因素、表现形式、危害程度等方面均有所不同。

1. 流动性风险

流动性风险是指金融机构无法以合理的价格销售资产或借入资金来应对资产增长或支付到期债务的风险。简单来说，就是金融机构虽然有偿还能力，但由于暂时得不到资金而无法偿还债务的情况。在传统金融领域，流动性风险是现代金融行业中常见的一种风险类型，其主要来源于三个方面的因素：一是期限错配（如存款与贷款的期限错配）；二是超出预期的资产损失（如大量不良贷款、大额保险理赔支出）；三是因市场恐慌导致的大规模集中提取、赎回（如银行挤兑、基金集中赎回）。流动性风险直接影响到金融机构的经营、信用能力，甚至可能使其陷于倒闭的困境。

互联网金融机构面对的流动性风险基本上与传统金融类似，但又有着不同的特征、表现形式和风险来源。

（1）互联网金融的资金期限错配问题

期限错配是整个金融行业不可避免的问题，因为金融的功能之一就是资源的配置，将短期资金转化为长期资金，实现储蓄向投资的转化。控制风险的关键在于合理控制资金期限错配的程度。

在互联网金融中，某些业务模式和理财产品面临着资金期限错配问题。部分互联网金融机构为了以较高的收益吸引投资者，在资产端往往投资于期限较长的项目。在资金端允许客户进行 T+0 赎回，使互联网金融产品成为与银行活期相媲美的资金管理工具。如余额宝、理财通等互联网金融产品，都允许客户随时赎回资金。资产端与资金端的期限错配使得互联网金融机构需要承担流动性风险。以腾讯理财通为例，之所以能够实现任何时段的 T+0 赎回，是因为在非交易时段的赎回由华夏基金和腾讯利用其部分头寸先行垫付，然后再在基金交易时间内进行结算。在非交易时段，一旦发生大量资金同时退出，互联网金融机构就有可能难以应对，导致严重的流动性风险。

(2) 互联网金融的资金集中赎回问题

互联网金融利用了网络技术，其开放共享的特点决定了金融信息的传播速度更快、范围更广。由于互联网金融主要面对的是长尾客户，其投资者以普通投资者居多，因财务实力有限，他们更关心的是本金的安全性和收益的高低。一旦有任何可能危及投资安全的事件出现，比如某平台被发现是“庞氏骗局”，或者作为第三方的担保机构出现资金链紧张等，普通投资者就会迅速将资金抽回。这种类似于银行挤兑的冲击，不但会轻而易举地击垮那些资金链紧张的平台，甚至会影响那些资产负债表及流动性健康的平台。

传统金融机构为了防范流动性风险，不仅有着严格的准备金制度，还有银行间的市场拆借、中央银行作为“最后贷款人”，以及存款保险制度作为补充。而互联网金融机构却无法参与银行间市场，也得不到央行“最后贷款人”的紧急支持，如果遇到投资者集中赎回，互联网金融机构有限的自有资金是难以抵御的。因此，针对流动性风险管理，互联网金融机构要建立完善的流动性指标管理体系，加强限额和期限管理，切实运用压力测试等方法定期对机构流动性进行测评，完善应急预案，增强流动性储备。

2. 信用风险

信用风险是指债务人或交易对手未能履行合同所规定的义务或信用质量发生变化，影响了金融产品的价值，从而给债权人或金融产品持有人造成经济损失的风险。

信用风险蕴含在金融机构的所有经营活动中，并受交易对手、发行人和借款人行为的影响。从风险的来源和形成来看，信用风险主要是由信息不对称导致的。因此，传统金融更偏重实地调查与人为判断的结合，对交易双方进行谨慎的尽职调查成为信用风险控制的有效方法。

虽然大部分互联网金融平台以“只做信息中介，不做信用中介”为目标，但在市场“隐性刚兑”的潜规则下，互联网金融平台不可避免地需要承担信用风险。不论是互联网财富管理平台各种底层金融资产的引入，还是P2P平台撮合的借款业务，一旦借款人未能履行合同所规定的义务，互联网金融平台有时就需要用自有资金对投资者先行赔付。

针对信用风险的防范，互联网金融机构可以充分学习传统金融机构成熟的风控技术。以互联网财富管理平台为例，可以利用“投前调查、投中审查、投后检查”对引入的资产进行产品全生命周期管理，同时建立信用评级模型对交易对手及产品进行风险评级，并将信用评级结果应用于资产准入、投后预警、信息披露、风险定价等方面。

另一方面，在P2P、消费金融等领域，信用风险控制可以充分地发挥大数据、云计算等技术优势。利用大数据从用户的线上行为、个人信息、黑名单、移动设备等多维度识别欺诈，从社会属性、社会关系、消费能力等多个维度来评估用户的还款能力与意愿，同时加入第三方反欺诈技术，引入大数据反欺诈模型，利用大数据来交叉验证反欺诈风险，全面审核借款人的资质。

3. 市场风险

市场风险是指基础金融变量，如利率、汇率、股价等的变动而使金融资产或负债的市场价值发生负面变化的风险。巴塞尔委员会认为市场风险的主要类型有股票风险、利率风险、汇率风险和商品风险，分别是指由于股票价格、利率、汇率和商品价格的不利变动所带来的风险。随着金融产品和金融结构的复杂化，基础资产价格的浮动也能引起金融衍生产品价格相应变动，从而产生市场风险。

互联网金融机构也会面临一定的市场风险。市场价格变动，互联网金融机构同样会因资产负债表各项目头寸不一样而蒙受损失。互联网金融机构发售的理财产品会投资到金融市场中。因此，金融市场风险如股票价格的涨跌、利率的波动、汇率的变动都会影响到产品的净值及申购赎回。同时，互联网金融产品投向的资产（如房地产行业或大宗商品）也会因为商业周期的波动而带来收益的变化，从而影响互联网金融产品的价值，进而影响互联网金融机构的盈利水平。

4. 操作风险

操作风险是指由不完善或有问题的内部程序、人员或外部事件所造成直接或间接损失的风险。从这个定义来看，所有金融中介和金融市场里的内部程序在任何环节出现的问题、相关业务人员有意无意的疏漏都属于这一范畴。而外部事件则包括黑客团队的恶意攻击导致系统瘫痪、信息泄露等一系列危害金融安全性的事件。

随着信息技术的发展，金融业中基于人的行为和程序技术所产生的操作风险频频发生，并且其产生的恶劣影响越来越大，已成为现代金融发展最为重要的威胁之一。《巴塞尔资本协议》的两次修订将操作风险放在了越来越重要的位置。尤其是《新巴塞尔协议》对操作风险的资本补偿作了明确的规定。在互联网金融模式下，操作性风险表现出传统金融模式下所没有的特性，由内部程序和系统造成损失的风险较传统的模式有所上升。

从操作风险的来源和表现形式看，操作风险涵盖的内容非常广泛，主要包括以下几个方面：

（1）系统风险。任何互联网金融机构都可能面临计算机系统在设计运行中出现问题而导致损失的风险，比如网络金融安全系统和产品设计缺陷、系统错误等；大数据金融企业没有建立有效的防控体系，导致因系统延迟、瘫痪造成的信息遗失和信息拥堵、交易失败和客户财产损失等。

（2）人员风险。由于工作人员操作不当或内部欺诈而导致损失的风险。例如，2013 年 8 月 16 日，光大证券套利策略系统中的订单执行系统出现问题，程序员在对高频交易进行市价委托时，未能对可用资金额度进行有效检验控制，导致生成了巨量预期外的订单，投资者损失惨重；或者，互联网金融机构内部员工违规盗用客户资料进行风险投资等。

（3）技术风险。互联网金融运行高度依赖电子支付平台，一旦遭到黑客攻击、病毒入侵等威胁，随时可能会出现系统瘫痪、交易异常、客户资料外泄、资金被盗用、信息被篡改和窃取等重大风险事故。

（4）其他风险

除了上述风险外，互联网金融机构还面临着声誉风险、合规和法律风险等，同样会对互联网金融机构的稳健经营带来严重冲击。

声誉风险是指机构由于经营、管理及其他行为或外部事件导致利益相关方对机构给予负面评价的风险。金融机构是经营信用的机构，无论是传统金融机构还是互联网金融机构，声誉风险会直接影响其业务的开展。尤其对于互联网金融机构而言，由于金融服务是在互联网上建立并运行，信用或技术等风险问题一旦发生，必然会在互联网上迅速蔓延与传播开来。这意味着，互联网会加速并加剧声誉风险的更便捷、更快速乃至更大范围的传播，从而对互联网金融机构造成根本性的伤害乃至破产。

合规和法律风险是指机构因违反法律、规则和准则而可能遭受法律制裁、监管处罚，重大财产损失和声誉损失的风险。对于互联网金融企业来说，现阶段比较典型的合规和法律风险是洗钱风险。由于互联网金融系统的不完善，尽管实施了实名制规则，一些图谋不轨的不法分子仍然有可能将互联网发展成洗钱的重要渠道，并会为网络赌博等违法行为提供必要的资金需求。比如各种充值卡工具为不法分子提供了活动的空间，他们可以通过该种方式将资金的源头隐匿，从而达到转移资金、洗钱的目的。

因互联网金融行业乱象频出，2016 年 10 月监管机构针对 P2P、互联网资产管理、互联网保险、第三方支付、股权众筹、互联网金融广告等领域出台了一系列法律法规。它一方面结束了互联网金融监管责任不清、行业行为无章可循的局面，另一方面也给互联网金融机构带来了较大的合规压力。互联网金融机构只有进一步完善内部治理机制，多向传统金融机构借鉴合规及法律风险管控经验，方能在监管环境日益严苛的背景下脱颖而出。

（二）互联网金融风险的特殊性

传统的金融风险在互联网“开放”“即刻传播”的特性催化下，呈现出“高度传染性”和“快速转化性”的特点。一是互联网技术的发展加深了信息在消费者之间的共享程度。当金融体系处于正常时期时,信息的广泛共享有助于消费者作出理性的决策而降低风险;但当金融体系处于动荡期时,信息的快速传导会使消费者在同一时间作出同一决策,加速传染的蔓延。比如某家P2P公司管理层卷款“跑路”的丑闻传播开来后,对P2P行业并不知情的部分投资者很可能开始对整个P2P行业不信任,因而撤资或远离这个行业。这样,某个机构的信誉风险就会快速传导到行业的其他机构。二是互联网金融提升了信息科技在金融业务中的支柱性地位,使得非金融风险和金融风险之间的相互转化速度变得更快。比如黑客攻击造成了账户信息的大规模泄露,由此令消费者对互联网金融平台产生了不信任感,从而大规模撤资,使得风险传播路径从技术风险传到了信誉风险,又导致了流动性风险。互联网将加速不同风险之间的转化速度,对从事互联网金融业务的企业风险管理水平要求更高。

第三节 金融与互联网融合的发展方向

虽然金融与互联网的融合有较强的内在逻辑与广阔前景,但两者迥然相异的基因使得融合过程注定是艰难的。金融追求保守稳健,互联网崇尚高效奔放,两者融合的过程不仅仅是金融简单地加载互联网技术,而是互联网逻辑与金融逻辑找到契合、互联网精神与金融精神相互激发、取长补短的过程。在这个过程中,传统金融的部分观念要更新,互联网的部分逻辑也要妥协,否则就无法发挥出互联网金融的最大效用,甚至可能会重蹈行业乱象的覆辙。对于金融和互联网融合今后的发展方向,笔者归纳了如下六点:

一、以客户为中心

一直以来,传统金融机构的业务开展一直围绕产品进行。以商业银行为例,一般先是由产品部门根据条线安排,设计出诸如贸易融资类、现金管理类、票据类、个人消费类、理财类等金融产品,然后将营销指标下发至各业务单位,通过客户经理将产品销售给客户。针对每项产品的销售指标完成情况会计入客户经理的业绩考核之中。由此造成了客户经理可能为了完成业绩,极力向客户推销其不一定需要或适合的产品,客户的真实需求受到忽视。即使客户主动提出一些个性化需求,如果不是 VIP 或较为重要的大客户,往往也会因银行内部审批链条过长、流程复杂而无疾而终。

而在互联网时代,客户的信息反馈和参与成本持续降低,信息不对称得以有效缓解,使得客户主权时代真正到来。一味忽视客户的真实需求,而以自己的主观意愿推销产品,结果只能是将业务机会送入其他"以客户为中心"的金融机构。互联网金融企业应充分发挥内部机制灵活的优越性,将互联网思维中"一切以客户为中心,注重客户极致体验"的服务理念发扬光大,打造更为坚实的客户基础。

二、以长尾客户为重点

与传统金融相比,互联网金融的优势在于利用新技术降低金融的运行成本,触及了之前传统金融无法触及的客群。其与传统金融是相互补充的关系,应与传统金融错位竞争,以长尾客户为主要服务对象。这是因为,传统金融机构在资金、经验、风险管理和专业人才上多年积累的优势,是互联网金融企业短期内无法超越的。互联网金融低成本、平台化、简单化的运营模式适合满足长尾客群基础性的金融需求,而对于中高端客户复杂的专业化、个性化的定制服务,仍需依赖传统金融机构的线下金融服务支持。

三、以风险管理为核心

金融在与互联网融合的过程中,不管是互联网企业涉足金融业务,还是传统金融实现"互联网+",其履行一定金融职能的本质未变,风险管理仍是企业经营成败之本。

互联网行业崇尚"天下武功,唯快不破",只有"快"才能在竞争极其残酷的互联网市场上存活。作为金融与互联网跨界运行的互联网金融企业,不可避免地受此影响。这在一方面促成了技术的快速迭代,但也可能造成为了追求速度和效率而牺牲业务的安全稳健性的后果。前期互联网金融行业的一些乱象大多是由于缺乏"敬畏风险"之心造成的。在尽职调查不充分、产品不成熟时,贸然将金融产品上线,不仅是对自身金融专业性的亵渎,更是对投资者的极度不负责的表现。

因此,在面对金融业务时,互联网“一味求快,快速迭代”的思维应有所妥协,让位于金融“以风险管理为核心”的理念,让风险管理贯穿业务流程和产品生命线的始终。

在风险管理的实践当中,互联网金融可以发挥跨界优势,将金融技术与互联网技术有机融合。比如应用于互联网财富管理平台的投资者适当性管理体系,就可以充分利用两者技术的优势:一方面,在资产端运用传统金融成熟的风控技术,通过建立信用评级模型对交易对手及产品进行风险评级,信用评级结果用于资产准入、投后预警、信息披露、风险定价等;另一方面,在资金端运用以大数据、云技术、机器学习等互联网新技术,对投资者的客观实力进行评估,结合问卷调查了解投资者的风险偏好,实现对投资者的风险承受能力的准确定位,从而实现“将合适的产品卖给合适的人”,达到资产与资金的精准匹配。

四、以应用场景为基础

这是一个“信息过剩”的时代,也是一个“注意力稀缺”的时代,如何在“无限的信息”中攫取“有限的注意力”,是注意力经济时代的核心命题。

笔者认为,对互联网金融公司而言,与流量相比,其实更重要的是对金融消费场景的营造。只要场景能够牢牢地黏住客户,消费习惯能被养成,互联网金融公司即使从免费或高额补贴模式,转入收费或无补贴模式,也不会造成客户基础的大量流失。海量稳定的客户基础也使加载广告等商业模块成为可能。

比如支付宝和余额宝的成功,来自于淘宝强大的线上交易场景的营造;微信红包红遍大江南北,则是依托微信强大的社交场景;目前商业银行的信用卡纷纷绑定各种餐厅、影院、购物中心的优惠活动,也是试图在场景上牢固客户基础。在移动互联时代,如何促成自身企业的 App 在用户端的高频使用、打造具有黏性的场景是互联网金融机构需要深思的一个问题。

五、以技术驱动为手段

正如前文所述，回顾金融创新发展的历史，每一次历史变革都与技术的进步紧密相关，技术对金融的影响永远在路上。

随着移动互联网、大数据、云计算、人工智能等新技术的逐步开发运用，金融可持续发展之路变得更加明朗：通过移动互联技术的实现，金融能更快速地触及更多客户，业务操作更便捷、成本更低，同时也带来数据的多元化和爆炸式增长；利用大数据可对风险控制技术进行创新性改造，实现对风险定价、信用评估全流程管理，也可用于客户关系管理（Customer Relationship Management，CRM）精准营销、行业信息获取和运营指标监控等；云服务可以做到动态调配计算资源，共享网络服务模式，为大数据挖掘提供良好的计算环境和基础能力；人工智能则在互联网理财领域实现智能投顾方面有着较高的实践性。

六、以实现盈利为目标

目前在互联网领域，因对企业的估值是以流量为基础，众多公司为了提升自身估值，纷纷采用免费或高额贴补的方式拉拢用户。互联网金融行业也一度陷入了“高额补贴、赔本赚吆喝”的怪圈之中。

这一策略虽然在企业发展初期有一定的积极作用，能够帮助企业在行业中迅速站稳脚跟，赢得投资者的青睐，从而获取充足的投资支持业务发展壮大。但互联网金融企业切不可过度迷恋流量神话，尤其是在资本寒冬的背景下，一味砸钱刷流量极易得不偿失。盈利才是任何企业发展的定海神针和最终目标，投资者对企业价值的评估最终还是需要盈利状况来作修正。互联网金融企业所经营的金融产品有着充足的获利机会，应多多挖掘，将流量转变为实实在在的利润，找到可持续发展的商业模式。

第三章

资产管理业务与互联网的融合

以互联网、大数据分析、人工智能为代表的新技术已经开始对传统资产管理行业的发展路径与模式产生深远影响。无论是在改善资产配置效能、扩大资产投资品种上，还是在降低资产管理服务成本、拓展服务半径等方面，都可感受到新技术对资产管理行业所带来的正面影响。资产管理与互联网不断融合的时代已经到来。坚持“以客户为中心、以长尾人群为重点、以风险管理为核心、以应用场景为基础、以技术驱动为手段、以实现盈利为目标”的融合之道，方能在前进的道路上行稳至远。

与成熟的资产管理市场以机构投资者为主不同，中国资产管理行业个人投资者占比较大，以中小投资者为主的投资者结构使得投资者保护尤为重要。建立有效的投资者适当性管理体系，不但能够落实投资者保护、实现普惠金融，而且也是根治“刚性兑付”这一目前资产管理业痼疾的良方。

投资者适当性管理简单来讲就是“将合适的产品销售给合适的投资者”。该体系主要包括“投资者评估(Know Your Customer, KYC)、产品风险评估(Know Your Product, KYP)、产品风险与投资者的适配、信息披露、投资者教育”五方面内容。在实践当中，可将金融技术与互联网技术有机地融合：一方面，在资产端运用传统金融成熟的风控技术，通过建立信用评级模型对交易对手及产品进行风险评级，信用评级结果用于资产准入、投后预警、信息披露、风险定价等；另一方面，在资金端运用大数据、云技术、机器学习等互联网新技术，对投资者的客观实力进行评估，结合问卷调查了解投资者的风险偏好，实现对投资者的风险承受能力的准确定位，从而实现“将合适的产品卖给合适的人”，达到资产与资金的精准匹配。

第一节　传统资产管理行业现状

资产管理业务是指银行、信托、证券、基金、期货、保险等金融机构接受投资者的委托，对受托的投资者的财产进行投资和管理的金融服务。产品范围包括但不限于银行理财产品，资金信托计划，证券公司、基金公司、基金子公司、期货公司和保险资产管理公司发行的资产管理产品，公募证券投资基金、私募投资基金等。

受益于居民财富的持续积累及流动性的持续宽松，中国资产管理行业近年来经历了高速的增长：据证监会统计，截至2016年上半年，各大类资管产品的规模为银行理财26.3万亿元，信托计划15.3万亿元，公募基金8.4万亿元，基金专户16.5万亿元，券商资管计划14.8万亿元，私募基金5.6万亿元，保险资管2万亿元，简单相加后的规模总计逾88万亿元。剔除部分资管产品互相借用“通道”、产品互相嵌套、交叉持有等重复计算因素之后，我国资管业务规模约为60万亿元左右，大体接近2015年的GDP总量(68.9万亿元)。

一、各资管子行业现状分析

（一）银行理财

根据中央国债登记结算公司发布的数据，截至2015年年底，全国银行业金融机构发行理财产品的数目为 60 879 只，理财产品账面余额为 23.5 万亿元，较 2014 年年底增加 8.48 万亿元，增幅为 56.46%。

过去几年理财规模持续高速增长的动力来源主要有以下两点：一是理财作为银行进行表外化扩张的途径，起到了规避监管的作用；二是预期收益型的理财产品有银行的隐性担保，相当于高息存款，受到了投资者追捧。

2008 年金融危机后“四万亿”刺激计划带来了资金面宽松，在 2010 年资金面开始收紧，央行开始控制信贷规模。利率市场化带来了个人存款加速向理财产品等的转化，使得商业银行的存款来源不足。于是，商业银行有更多冲动通过同业、理财做表外放贷。可提供较高收益率的非标准化债权资产（以下简称非标资产）迅速崛起，一度甚至最高达到理财资金投向的 50%以上，而融资的大户正是被监管部门限制融资的地方融资平台、房地产以及信贷限制类行业，相当于银行绕过了银监会的监管为其融资。

理财池由于大规模对接非标资产，存在着大量的期限错配和流动性错配，杠杆较大，2013 年 3 月银监会出台《中国银监会关于规范商业银行理财业务投资运作有关问题的通知》（银监发 2013 年 8 号文），规范银行利用理财资金投资非标资产，控制表外融资规模。一是要求理财产品均须与其所投资产一一对应，对于之前达不到一一对应要求的非标资产，商业银行应比照自营贷款于年底前完成风险加权资产计量和资本计提；二是对商业银行利用理财资金投资非标资产的规模进行了限制，指出“商业银行应当合理控制理财资金投资非标准化债权资产的总额，理财资金投资非标准化债权资产的余额在任何时点均以理财产品余额的 35%与商业银行上一年度审计报告披露总资产的 4%之间孰低者为上限”。此后用银行理财对接非标模式监管套利的空间越来越小。

在理财对接非标受限后，迅速增长的理财资产迫切地需要寻找新的投向。面对逐渐严重的资产荒困局，一些创新型银行拓展延伸出多种新型投融资工具，逐步从债权投资向股债结合转移。新型投融资工具根据业务属性不同可分为股权基金类和资产证券化类，其中股权基金类又可以分为产业基金、城镇化基金、PPP 基金、交购基金、平滑基金等。从服务体系来看，通过城镇化基金、PPP 基金、平滑基金等满足政府和企业的融资需求，再通过资产证券化盘活存量资产，通过并购重组基金对资源进行整合，通过产业引导基金引导新兴产业发展。

当前，银行表外理财、同业等业务与其他资管机构的产品层层叠套，隐形杠杆已经很高，且对底层资产较难实现穿透管理。当前刚性兑付未被打破、表内表外业务未被真正隔离，一旦多个资管计划遭遇违约，金融体系或会出现“火烧连营”的情况，金融系统性风险较高。

在中央“防风险、去杠杆”的总体思路指引下，自2017年3月以来，银监会旨在规范银行理财业务的政策落地明显加速，针对性极强。这标志着以金融自由化创新、“影子银行”繁荣、资管理财井喷为特征的银行资产负债表扩张迎来分水岭。比如，银监会要求银行自查是否存在通过资产“假出表”、调节监管指标、信贷与票据业务中的绕道监管、理财与同业的空转等套利手段实现“监管套利、空转套利、关联套利”的情况，银监会也要求银行自查在理财、同业业务领域是否存在“不当创新、不当交易”。同时出台的《关于银行业风险防控工作的指导意见》明确指出，要加强银行理财业务风险管控，继续强调“单独管理、单独建账、单独核算”的三单原则；规范银行理财产品设计严控嵌套投资，强化穿透管理，严格控制杠杆，防范资金在金融体系内自我循环，不得使用自有资金购买本行发行的理财产品；审慎开展代销业务等。综上，银监会对过往快速膨胀的银行理财业务进行从严监管的态度日趋明确，未来杠杆操作、同业扩张、监管套利等行为将受到严格约束。

（二）信托公司

中国信托业协会的数据显示，截至2015年末，信托业管理的信托资产规模为16.3万亿元，同比增长16.6%，相比2013年的46%和2014年的28.14%增速有了显著回落。信托资产规模增长遭遇瓶颈。行业经营绩效保持增长，但同比增速持续下降。行业利润总额的增长率低于营业收入的增长率，在管理费增长相对稳定的背景下，拨备计提已经成为影响信托公司利润的重要因素。

从信托资产的来源角度看，2013年起单一信托占比处于持续下行区间，集合信托占比逐渐提升，财产管理类信托占比虽小但也稳中有升，表明在行业转型的关键阶段，信托公司业务模式调整也初见成效，主动管理能力不断增强。信托资金在金融领域内的投资增加，向实业领域的投资相应减少。

据《中国资产管理行业发展报告（2016）》统计显示，从资金投向来看，信托业发展主要呈现以下特点：首先，在房地产业务方面，大部分信托公司都在主动控制规模，择良木而栖。地产业高投入、长周期、高杠杆的行业特征与宏观经济周期波动的叠加效应，导致近两年来房地产信托成为风险事件发生最为频繁的信托类型之一。其次，平台类业务也随着政府债券转换的落锤而面临转型，一方面对已有的存量债务允许债务置换，另一方面对新增的项目坚定推进 PPP 合作模式，但 PPP 项目的经营期较长，在实际执行过程中对信托公司的专业能力要求较高，所以现阶段具体落地的项目并不多。再次，在证券市场业务方面，伞形信托业务被迫清场，监管层要求单一结构化信托产品必须放弃原有的第三方交易系统，而需采用券商自身的 PB（Prime Broker）商品进行交易，但大部分券商的 PB 系统尚不能满足此类产品的交易需求，因此单一结构化信托产品的存量规模锐减。

在传统业务模式受到市场形势、监管约束、信托公司主动调整战略等多重影响而规模不断减少的同时，信托公司继续发挥其灵活的制度优势，积极开展产品创新探索：第一，并购融资业务。以夹层投资为例，信托公司先以自有资金或信托计划进行股权投资参与并购，后续以牵头人的身份整合银行、保险的低成本资金组成银团贷款提供低成本的债务融资，再通过所持股权提升公司经营管理水平，从而获取持股溢价；第二，跨境业务。信托业协会的数据显示，2015 年全年信托业合格境内机构投资者（Qualified Domestic Institutional Investor，QDII）业务余额 357.14 亿元，同比大幅增长 160.42%。目前 QDII 类产品仍以单一类为主，但集合类产品也开始逐渐增多，产品以香港市场首次公开募股（Initial Public Offerings，IPO）和美元债券为主；第三，新三板产品。信托公司投资新三板业务，一方面是出于产品创新的考量，另一方面是希望借此机会与相关企业建立合作黏性，为后续提供包括并购、借壳上市在内的贯穿企业生命周期的全方位金融服务作铺垫；第四，产业投资基金。2015 年信托公司加大了多元化探索力度，对国家战略导向下的重点区域和重点产业进行区域产业基金、战略新兴类产业基金的布局等。

（三）保险资管

截至 2015 年年末，中国保险业总资产规模达到 12.4 万亿元，较年初增长 21.66%。在保险资金运用方面，2015 年保险资金运用实现投资收益 7 803.6 亿元，同比增长 45.6%；平均收益率 7.56%，同比提高 1.26 个百分点，创 2008 年国际金融危机以来最好水平。保险资产管理行业充分利用改革创新的大环境及政策红利，在服务保险主业的同时，大力发展第三方受托业务，丰富投融资产品品类，已成为大资管市场上具有重要竞争力和影响力的主体之一。

根据保监会公开的数据显示，从保险资产配置结构看，截至 2015 年年末，虽然银行存款（21.78%）和债券（34.39%）仍占据保险资产配置的半壁以上江山，但两者占比总和呈现逐年下滑趋势，由 2012 年的 79.4%下降至 2015 年 56.17%。为平滑投资收益，稳步提升投资回报，保险资金投向逐渐从存款和债券市场转向另类投资市场。另类投资的资产占比逐年增加，且质量较为优良，其中基础设施和不动产项目多为国家或省市重点项目，绝大部分由国家级专项基金、国家开发银行、符合条件的大型商业银行或大型国有企业（集团）提供本息全额不可撤销连带担保责任，少部分辅以资产抵押作为增信措施，兑付风险较低。长期股权投资多为金融、消费、医药等行业，分红水平较高，潜在投资价值较大。

经过多年的发展，保险资管机构已经突破了管理母公司资金的单一职能，形成了包括投资管理业务、类投行业务、财富管理业务在内的多元化业务链条，逐步发展成为服务买方和卖方、提供账户管理和资产管理的综合性资产管理公司。

2016 年，一直行事低调的保险资管成为资本市场的关注焦点，以前海系、恒大系、安邦系等中小型保险公司为代表的一系列举牌实业上市公司的行动让市场瞩目。从沸沸扬扬的宝万的股权之争，到被宝能系举牌的南玻集团管理层集体离职，再到安邦系两次举牌中国建筑，保险资金在资本市场屡掀波澜，所到之处引发市场震动。面对险资在股市“快进快出”的投机行为，以及举牌乱象背后的杠杆收购，监管层措辞严厉，出台了一系列针对性措施，万能保险无序发展的态势也将宣告结束。

万能保险是一类包含保险保障功能，同时在一个投资账户拥有一定资产价值的人身保险产品。购买万能保险的投保人一方面缴纳了用于保险保障的保费，另一部分资金则用于投资。在结算时，投资收益上不封顶，下设最低保证利率，保险公司通过结算利率对投保人实际的投资收益率进行调节。这种类型的保险产品从2015年开始成为部分中小保险公司实现“弯道超车”，抢占大型保险公司市场份额的“利器”。中小型保险公司的资金成本显著高于以中国人寿为代表的大型保险公司，而其中前海、生命、恒大等保险公司的资金成本甚至超过5%。在这样的压力下，虽然投资端的收益率降低，但大型保险公司也不能轻易降低负债端的成本，以免造成市场份额的大幅流失，全行业的负债成本相对刚性，但资产端却在不断受损。

在资产端，收益率的快速下降和可投资资产的快速膨胀成为一对不可调和的矛盾。虽然本轮货币政策的宽松周期真正开始是在2014年的年底，但从2013年起，随着经济增速的放缓，实体经济所能提供的收益率已经开始下降，这一过程一直持续到最近。而从保险公司的实际情况看，由于中国的保险渗透率仍然不高，同时相比其他替代的投资品种，保险产品的整体吸引力不断上升。特别是在整体外部收益率下降的大背景下，保险产品的“投资+保障”属性使得保费增速持续走高。随着保险产品的销售和现金流的流入，保险公司的资金运用余额在持续稳定增长，已经成为最为重要的机构投资者之一。保险公司急于寻找能够提供持续、稳定，并且可以覆盖自身资金成本的可投资资产。所以保险公司将目光投向高风险、高回报的股票市场，同时寄望于通过资本运作获得高额回报的做法实属必然。

对于保险监管部门而言，妥善解决险资举牌行为的当务之急是改变当前保险公司在资产端和负债端受到的双重“挤压”。一方面，监管部门应当鼓励保险公司积极开拓资金的投资渠道。目前保监会已经作出了一些努力，例如允许保险资金通过沪港通等渠道实现“出海”等。另一方面，监管部门应当规范行业的竞争格局，例如对于中小型保险公司激进的定价行为，应当给予更强的监管。

保险公司，特别是一些中小型保险公司不仅负债端资金成本压力大，同时面临较为严重的期限错配现象。这些保险公司试图通过高现金价值的中短存续期产品在短时间内收集大量现金，但这类产品的投保人如果在短期之内退保，被收取的惩罚性退保费用相当低，因此存在较为严重的退保风险。如果这些投保人大面积退保，将严重影响公司的现金流状况，甚至将对整体金融体系的稳定造成威胁。很多保险公司面临“太大而不能倒”的风险，投保人涉及面广，如果处理不当将造成严重而恶劣的社会影响。险资举牌暴露出的另一个重要问题在于中国金融监管体系分行业监管的矛盾，险资举牌的主体——保险公司属于保监会的监管范畴，而其所参与的市场和投资标的又属于证监会的监管范畴，过去“自扫门前雪”式的分立监管随着市场边界的逐渐模糊已经暴露出不足，未来统一的金融监管体制改革仍然有待推行。

（四）券商资管

2015 年券商资产规模首次突破 10 万亿元，达到 11.9 万亿元，相比 2014 年规模增长近 50%，保持了自 2013 年以来的旺盛的增长势头。券商资产管理业务的利润猛增，全年行业净收入达到 274.88 亿元，较 2014 年增长 121%，显著高于约 50% 的同期业务规模增速。从集合资管产品的类型来看，随着非标融资的风险逐渐凸显，利用证券公司自身对资本市场的研究优势，向资本市场标准化产品转型是集合资管业务的大势所趋。

擅长于大类资产配置以及标准化资产管理能力强大的券商，迎来了资管业务带来的发展机遇，券商资管行业得以快速发展。在规模扩张的同时，主动管理能力占据优势的券商表现更加突出，行业发展走向分化；依托券商强大的投研优势、出色的主动管理能力、追求绝对收益的理念，券商资管管理的公募基金投资策略更为灵活，公募业务也逐渐成为券商资管发挥主动管理能力的主要方式；在专项资产管理计划的实务操作中，券商资管可以担当企业资产证券化的发行人和销售方。金融体系和企业的庞大存量资产在经济盘活存量的大背景下，推动资产证券化（Asset-Backed Securitization，

ABS)业务成为券商资管的又一发力点;经历牛、熊市考验,拥有出色的主动管理能力、长期业绩领先的权益类集合资产管理计划一直是市场的热点,这与其规模可控、自由度较高的特点以及追求绝对收益的操作理念相关。

不可忽视的是,券商资管在发展的过程中仍然面临着风控能力不足和投资范围受限等劣势。因证券公司传统业务主要集中于资本市场,对于类信贷的非标业务的操作经验和人员储备均有限。而近年来随着经济下行,市场上的信用违约事件频频爆发,券商资管非标业务频频“触雷”,其风控能力不足的劣势较为明显。同时由于券商集合资管的投资范围受到严格限定,券商集合资管在服务实体经济的过程中,不得不在交易链条中嵌入信托、基金子公司等机构,交易链条的被动拉长不仅增加了企业的融资成本,而且弱化了对融资方的监督和控制,这对项目存续期间的投后管理、违约后的风险化解均产生了不利影响。

(五)公募基金

根据中国基金业协会统计的数据,2015 年公募基金行业资产管理总规模达到 12.5 万亿元,相比 2014 年增长 88%。按公募基金产品类别来看,各类型产品管理规模均取得了显著的增长。债券型基金增长来源于保本基金的热销,货币基金的增长来自于利率市场化的大环境,以及下半年股票牛市结束后投资者进入货币基金市场避险,而股票方向产品主要受益于灵活配置的混合基金的大幅增长。

在大资管时代,金融混业经营将成为趋势,各家机构对于“收集金融牌照”、打造金控平台的需求不断增加。近年来,随着管理层将公募基金机构的设立限制放宽,申请公募基金管理牌照变得相对容易,各路资本均有机会进入公募基金行业。

然而随着公募基金行业参与者的增加,行业内的竞争程度加剧,“马太效应”明显,小公司生存愈加艰难。目前,无论市场环境是牛还是熊,整个基金行业“强者恒强”的格局将依然延续,并有愈演愈烈的趋势。大型基金公司凭借强大的资本实力,可以加大对投研团队的建设投入,提升管理业绩,而业绩提升又会进一步强化基金公司的品牌效应;相比而下,处在生存线附近的小基金公司，在投研建设方面显得愈加捉襟见肘。

虽然近年来公募基金的管理规模持续上升，但就体量来说，其在国内资本市场上的地位反而呈现不断下降的趋势。一方面的原因是经过二十多年的发展，我国资本市场的总体规模不断扩大，限售股解禁不断扩大可流通股规模，也稀释了机构投资者的市值；另一方面，泛资管时代来临，公募基金业的牌照红利日渐式微，外部面临着私募基金、券商资管等竞争对手的不断增加，而内部还面临产品同质化、人才流失严重等多重困境。在资产管理行业市场化进程加快的大环境下，基金公司如不从内部进行深刻变革，将很难重新掌握市场话语权。

随着大牛市的结束，基金行业重新回归基本面。少数大型公司将继续朝着大而全的金融超市方向发展，其他各类中小型公司则须根据自身资源禀赋开展差异化经营。对于新晋基金公司来说，若想有所突破，必须根据治理结构、历史业绩、销售渠道和股东支持等因素确立适合自身的发展方向，选择有比较优势的产品精耕细作。

在混业经营时代，未来能够胜出的基金公司不仅需要具有优秀的投资团队，还必须同时在基金销售渠道、产品设计和科技创新方面展开全方位竞争。基金公司还需要高度重视科技创新给行业带来的机会与挑战，把握技术改善带来的效率提升；在销售渠道方面，基金公司应继续借助互联网平台，推出基于互联网思维和数据的产品及活动，大力开拓直销客户，减少对传统银行渠道的依赖。

（六）基金子公司

根据中国基金业协会统计的数据，2015 年年末基金子公司全行业资产管理规模达到 8.57 万亿元，同比增长 4.83 万亿元，增幅达 129%，但较 2014 年 285%的增长速度明显放缓。从规模排名来看，前 10 家基金子公司共计管理约 4.16 万亿元的资产，占全行业总规模的 48.54%，行业集中度较 2014 年的 53.7%有所下降。其中，资产管理规模较大的基金子公司仍然离不开股东的支持，大部分有着较强的银行背景。随着行业规模的增速逐步放缓，基金子公司面临的内、外部竞争压力增大，行业格局也逐渐由寡占型向竞争型演化。由于基金子公司行业发展时间较短,目前大部分业务机会源自外部机构,尤其是金融同业合作,外部依赖特征明显。

由于不受风险资本和净资本约束,基金子公司在过去的几年内规模成长迅速。但从业务类型来看,仍以技术含量较低的通道业务为主。基金子公司在商业银行同业、理财等“影子银行”体系中主要扮演通道角色。没有资本金约束的基金子公司一度被视为市场中的“万能神器”。相关数据显示,顶峰时期基金子公司 75%的业务主要来自于“一对一”通道业务。

随着 2016 年 11 月 29 日证监会公布《基金管理公司子公司管理规定》及《基金管理公司特定客户资产管理子公司风险控制指标管理暂行规定》(简称“两规”),对基金子公司的监管生态作出调整和改进,基金子公司野蛮生长的时代或正式宣告终结。

规定要求,从 2016 年 12 月 15 日起,专户子公司所有新设立的资管计划、资产支持专项计划,以及开展的其他业务,均应该按照规定计算风险资本,并根据特定客户资产管理业务全部管理费收入计提风险准备金,且达到四个风控指标:净资本不得低于 1 亿元人民币;调整后的净资本不得低于各项风险资本之和的 100%;净资本不得低于净资产的 40%;净资产不得低于负债的 20%,总体给予 18 个月的过渡期。

新规同时提升了准入门槛,要求基金公司设立子公司应满足成立满两年;管理的非货币市场公募基金规模不低于 200 亿元人民币;净资产不低于 6 亿元等。根据 2016 年一季度的数据,行业内半数以上公募基金未达标。纳入统计的 79 家基金子公司的注册资本金合计为 52.434 8 亿元,平均值仅 6 637 万元,而基金子公司 2012 年底才开始运作,目前积累的经营收入也很有限,业内进入前 10 名的基金子公司的净资本也不过 2 亿元。从目前基金公司风险覆盖情况来看,较大的风险覆盖缺口仍然存在,分别按 0.15%和 0.8%的最低风险资本计算,整个基金子行业风险资本约需 321 亿元,这在短期内也将增加基金子公司资本金压力。过去基金子公司没有过多的净资本约束,几千万的注册资本就可以覆盖几千亿的资产管理规模。引入净资本覆盖率指标后,由于业务开展要占用净资本,将会拉升基金子公司的资管业务成本，其通道费与券商、信托相比也将失去竞争力，通道业务的流失无法避免。

尤其是在证监会不断收紧通道业务的背景下，基金子公司获取优质资产的能力明显不足，获取的渠道单一，产品研发能力不足；在资金募集层面，资金端高度依赖渠道，财富管理业务内功需夯实；从基金子公司的内部管理来看，行业经过不到三年的发展后，各家公司的经营理念及内部组织架构大相径庭，管理水平参差不齐，在营运及风控方面也尚未建立统一标准，运营风控能力较为薄弱，大部分基金子公司在内部治理方面尚未能达到独立、专业的资产管理机构的标准。

随着监管趋严，行业制度红利渐尽，基金子公司的发展应该要思考后续的发展方向问题。参照作为基金子公司发展标杆的信托行业，不难发现，只有回归本源，找到自己的特色，专注于某一领域深耕细作，才能平稳地度过经济寒冬。

（七）私募股权投资基金

在中央鼓励政府引导基金的推动下，地方政府设立的各类政府引导基金在全国范围内纷纷涌现，遍及科教文化、产业投资等领域。私募股权机构为了打响公司品牌、提高市场知名度，蜂拥新三板募资，却遭证监会叫停，并对前期融资的使用情况展开调查。从规模来看，2015 年早期和发展期的投资规模占总规模的 50%以上，较上年增长 40%，且早期投资数量超过了发展期投资数量，大量资金的关注重点也转向了退出压力较小的早期企业。“PE+上市公司”的投资模式在 2015 年势头不减。PE 机构和上市公司提前锁定了退出渠道，而上市公司则受惠于 PE 机构的标的获取能力和市值管理能力，通过整合提高行业竞争力，同时实现市值的提升。“中概股”回归一时成为市场的热点话题，包括私募股权投资在内的各类资金纷纷盯上了这块“蛋糕”。然而证监会表示，设立战略新兴产业板的具体问题，还要作深入研究和论证。战略新兴板的搁置对于已经宣布了退市计划的“中概股”及其背后的资本影响巨大，部分亟待上市的企业可能不得不选择“借壳”的方式来变相实现退出。

在周期性行业下行风险不减的情况下，逆周期的消费市场、TMT（Telecommunication，Media，Technolgy）、大健康等新兴产业仍将继续成为众多股权投资机构重点关注的领域。从资金退出来看，通过上市公司定向增发及新三板退出的私募股权投资会进一步增长。私募股权投资规模的进一步扩大，必然会吸引越来越多的机构投资者参与进来，而私募股权投资母基金（Private Equity Fund of Funds，PE－FOF）模式将成为大体量资金进入的低风险路径。

互联网新技术的发展、新商业模式的革新以及爆发式增长的特性，要求私募股权投资机构改变传统的投资思路，调整原有的估值体系，构建与新兴行业相匹配的价值发现能力。此外，私募基金需要更多地参与主动管理，而不是静态地关注估值的高低，通过参与企业运营并为其提供人脉、资金、产业经验方面的支持，帮助企业提升资本盈利能力，维持或进一步提高估值水平，最终实现多方共赢的良好局面。

（八）私募证券投资基金

自私募基金登记备案制实施以来，证券类私募行业发展迅速，资产管理规模的增长势如破竹。证券类私募蓬勃发展的同时，行业集中度也在不断提升，二八分化明显。从投资策略来看，随着私募市场的发展，投资者的配置需求逐渐多样化，私募证券基金策略的多元化也成为行业趋势。从产品收益看，各类策略产品之中宏观对冲超越股票策略夺冠，其中宏观对冲、股票策略、管理期货前1/4收益接近翻倍，而债券策略产品受益于宽松货币环境也取得了超过10%的平均收益。

在我国，私募行业爆发式增长的同时，一些行业乱象也逐渐显露。回顾私募业政策环境的变化，“监管规范”一词频频出现，私募行业的监管正逐渐收紧。证监会明确规定“不得以任何形式参与场外股票配资、伞形信托等活动，不得为场外股票配资、伞形信托提供数据端口等服务或便利”。场外配资的清理引发市场情绪逆转，融资盘频繁爆仓，给证券市场的流动性带来了消极影响，也给私募基金管理人带来了极大的挑战；股指期货限仓，程序化交易受限，量化对冲产品被绑手脚；监管层对场外配资的清理整顿工作再出重拳，要求结构化账户必须采用券商自身的主经纪商业务（Prime Broker，PB）等端口进行交易……私募一系列重磅的行业自律规则陆续发布，监管层开始收紧行业监管，私募行业将在强化规范中迎来行业大洗牌，一些涉及非法融资、运作不规范的私募将面临淘汰。

随着监管层对私募的重视程度加强以及私募行业生态的调整，私募行业的发展将更为规范和专业。由于目前整体规范程度仍待加强，监管将对私募行业的规范性提出更为严格的要求。私募发行通道、销售渠道趋向多样化，围绕着私募产品发行、销售、托管等业务的外包服务将在行业中发挥越来越重要的作用。多样化的投资策略、标的和市场也将成为行之有效的风险控制方式。

二、发展中面临的问题

资产管理行业的迅猛发展，汇集了大量的社会资本，有力地支持了实体经济、创新创业的发展，在一定程度上缓解了融资难问题，同时以其独特的产品灵活性，满足了大众不同层次的投资理财需求，丰富了金融工具和金融体系。但也必须清醒地认识到，与成熟的市场相比，中国的资管行业仍处于发展的初级阶段，仍面临着以下发展问题：

（一）监管套利严重

在现行分业监管的体制下，对资管业务主要按照机构类型加以区别监管。机构监管的逻辑是以金融机构的属性而非实际发生的业务属性进行归口监管。在金融机构混业经营的大背景下，不同类型的金融机构从事的资管业务有着不同的投资范围、资本和风险准备金计提、结构化分级和负债管理、合格投资者要求等，为监管套利提供了空间。

（二）刚性兑付仍未打破

实践中，各类资管产品都存在一定的刚性兑付问题。资管机构从维护自身声誉出发采取了固定回报、隐性担保等经营策略，虽然保障了当期投资者的本金和收益，但偏离了资产管理业务的本质，恶化了行业运行环境，积聚了行业风险。刚性兑付的预期无法打破，使得投资者只关注当期收益，忽视风险的存在，不利于形成“买者自负”的理性投资理念。市场对于高收益的盲目追求，反向激励金融机构将投资集中在高风险行业，不利于落实“卖者有责”。同时，“刚性兑付”也推高了无风险利率，扭曲了风险资产的定价水平，扰乱了市场配置资源的功能。

（三）资源配置效率低下

因为背负着刚性兑付的压力，资管机构只得不断寻求所谓的“低风险、高收益”资产。一方面，资管市场参与者的一致化程度加强，投资标的进一步向地方政府、国企靠拢，向房地产企业集中，且因资管机构对经济基本面的担忧加重了投资的不确定性，大量资金在金融机构内部流转、观望；另一方面，为国家贡献了65%的GDP、50%以上的税收，吸收了75%以上的就业人员的广大中小微企业持续面临“融资难、融资贵”的窘境。不论是银行贷款，还是资管产品，对中小微企业的支持力度都较有限，社会金融资源配置效率低下。

（四）投资者适当性管理缺失

投资者保护是金融市场监管的永恒主题，同时也是衡量一个金融市场是否健全成熟的重要标准。与国外成熟的资产管理市场以机构投资者为主不同，中国资产管理行业个人投资者占比较大。根据波士顿咨询公司《2015年中国资产管理市场报告》显示，截至2015年年末个人投资者资金占资管市场的61%。

以中小投资者为主的投资者结构使得投资者保护尤为重要。不同的投资者对于市场的认知、产品的理解、风险承受能力存在巨大差异，而金融市场瞬息万变，产品种类多样，结构日渐复杂。经营机构开发客户、销售产品的冲动与投资者处于信息相对弱势地位的冲突，决定了构建投资者适当性管理体系的必要性。在同业竞争与业绩考核的压力下，金融产品卖方或销售者往往唯利是图，甚至不择手段地掩盖金融产品的风险，过度夸大产品的收益率，诱导普通投资者购买高风险的金融产品。

令人欣喜的是，目前监管层已深刻地认识到资产管理业存在的突出问题。2017 年 2 月 21 日，由央行牵头制定的《关于规范金融机构资产管理业务的指导意见（征求意见稿）》（以下简称《意见稿》）开始在行业内广为流传。该《意见稿》的总体思路是按照资管产品的类型，而非按照金融机构的类型统一标准规则，由央行牵头建立综合统计制度，实现对底层资产和最终投资者的穿透识别，同时强化资本约束和风险准备金要求，强化投资者适当性管理，从而逐步打破刚性兑付，将资管行业引入“受人之托，代人理财”的健康发展轨道。

第二节　资产管理与互联网融合是大势所趋

伴随着互联网、大数据和人工智能技术的兴起，互联网已经开始对传统资产管理行业的发展路径与模式产生深远影响。当前，无论是在改善资产配置效能、提升大类资产投资绩效，还是在拓展资产类别和投资半径等方面，我们都可以感受到互联网和人工智能技术所带来的进步。不论是传统金融机构还是金融科技企业，均凭借自身特有的优势，致力研究和促进互联网大数据与新兴技术对传统资产管理的改革和创新，推动资产管理与互联网融合时代的到来。目前，两者的融合在如下几方面促进了资产管理业的发展：

一、提高资产配置能力

资产管理行业的长期投资收益大部分来自资产配置的能力，而宏观经济的周期性驱动着大类资产投资的“时钟效应”。对经济所处周期的准确判断以及对宏观经济政策的精准判读，决定了资产配置的效果。因此宏观分析能力是资产配置能力的核心要素。在传统的金融环境下，数据种类有限、数据关联性弱、数据更新滞后等问题制约着对宏观形势的及时有效解读，进而限制了资产配置的表现水平。而在互联网大数据环境下，强大的数据生成、采集、整理能力与新兴人工智能量化分析能力的结合，可以为宏观分析难题提供迅速的解决方案。无论是国家统计局、各个行业协会、政府部门公布的重要统计数据，还是全球市场实时的经济、金融动态，抑或是互联网消费用户的行为数据，均可用于有效地体现宏观经济的变化趋势，用于及时优化资产组合配置。

二、改善资产配置效率

在债券、非标债权等债权管理方面，随着中国经济结构转型以及去产能、去杠杆的进程加快，违约现象屡屡发生，使得信用风险溢价波幅加大。在评级滞后的现状下，与债务承担主体之间的信息不对称是投资者急切希望解决的问题。违约预警和债券真实价值评估成为投资者的重要需求。资管机构可以利用互联网技术，通过多个数据库的实时连接和网络爬取，及时获得关注对象的舆情、诉讼、财务、招聘、海关、行业等多个不同维度的信息。在设立有效的预警信号及阈值的前提下，由系统自动抓取数据、分析及预警，从而提高投后资产管理工作效率，并降低人工操作风险。

在权益类资产方面，一方面投资者需要在变化莫测的市场中准确把握热点主题，另一方面要对个股基本面充分了解，以分析其增值潜力，即使是对专业投资机构来说，这也是无比繁杂的工作。借助互联网技术可以通过大数据分析，描绘全面的个股基本面知识图谱，建立对市场和个股的实时且长期的追踪体系，挖掘传统数据无法学习的股票市场特征，形成对热点主题的预判。资管机构可以借助互联网公司或者大数据公司的数据抓取与分析技术，建立各种与自身投资理念相吻合的多因子量化模型，这与传统金融选股因子之间具有较低的相关性，因而可以在更好地捕捉市场热点的同时，增强选股因子的多样化和系统化，以及风险的分散化。比如高盛联合谷歌（Google）入股的大数据智能分析处理引擎肯硕（Kensho），其所构建的投资模型引入了一些对外部事件的主题量化，例如“田纳西的飓风会影响哪只股票？”“iPhone 8 发布后哪些股票会涨？”，从而提供了新的数据维度并从新的角度定义量化交易。该引擎可以通过扫描经济报告、货币政策变更、政治事件以及这些事件对地球上几乎所有金融资产的影响等近十万余份资料，立刻为上述问题找到答案。

三、拓展产品投资半径

互联网数据与技术的使用,可以提高资产的透明度,从而使一些原本因风险辨识难度大而无法准确估值的基础资产进入投资视野,降低交易成本。借助区块链等新的技术手段,还可以使一些以往无法交易的资产变为可市场化交易的资产,从而扩大了资产管理行业的投资半径。

四、扩大客户服务范围

长久以来,大多数资管产品对投资者的财力和起投金额有较为严苛的限制。这势必造成了传统资管机构的个人客户服务对象主要集中在中高端人群,服务半径有限,无法满足普通大众的需求。长此以往会进一步加剧社会收入分配体系的两极分化,与中央"多渠道增加居民财产性收入"和"使最广大人民群众公平分享金融改革发展成果"的精神不符。

因此,不断完善的投资者适当性管理体系,使更多的投资者有机会参与投资,购买到与其风险能力相匹配的产品,实现金融普惠也将成为可能。

五、降低机构服务成本

为了给个人投资者提供专业化的投资服务,传统金融机构需雇用大量的投资理财顾问,这造成了人工成本居高不下,也导致了其服务对象只能集中在高净值客户,服务对象无法下沉。

以人工智能为代表的新技术崛起使资产管理机构降低服务成本成为可能。它可以为中小投资者的财富管理诉求提供快速的解决方案,同时又能打破资产管理业所面临的投资顾问服务瓶颈问题。其原理是根据个人投资者提供的风险承受水平、收益目标以及风格偏好等要求,运用一系列智能算法及投资组合优化等理论模型,由机器为用户提供最终的投资参考,并根据市场的动态为资产配置再平衡提供建议。

由机器为用户提供最终投资参考的优势主要有以下两点:第一,不断迭代。人工智能不仅能够有效地运用远超任何个人处理能力的大数据和投资决策信息,还能够通过高频反复迭代训练,为传统量化选股模型带来突破性创新,在投资逻辑与运算能力得到保证的前提下预期能够提升整体业绩。第二,严守纪律。机器辅助人执行投资,能够确保投资纪律的执行效率。机器执行不仅在时间上的效率优势是人工难以比拟的,更重要的是,机器可以克服人类决策易受情绪化影响这一劣势。机器执行可以对以人为主体的投资过程中的随意性进行有效地制约。

目前,很多国内外金融机构的人工智能已进入实践阶段。人工智能在投资领域的应用,正在深刻地改变着投资行业。据媒体报道,高盛试图建立自动化投资顾问平台为100万美元以下资产的大众富裕客户提供服务。全球最大的资管公司贝莱德集团用机器人取代基金经理,对其主动投资基金业务进行重组,计划裁员包括7名投资经理在内的100名主动型基金部门员工。国内的招商银行、民生银行、平安证券均在2016年推出了自己的智能投顾产品。据野村证券报告显示,截至2015年年底,全球机器人投顾旗下管理资产已经达到500亿美元,并预计将于2020年达到2.2万亿美元,占到全球资管行业的2.2%。

由此可见,以互联网为代表的新技术从多个方面为资产管理业的蓬勃发展注入了新的活力,两者的结合是大势所趋。

第三节 投资者适当性管理体系初探

资产管理市场是一个专业性很强的市场,包含的金融产品多种多样,信托、基金、资产管理计划、私募债等各种产品的功能、特点、复杂程度和风险收益特征千差万别,而广大投资者在专业水平、风险承受能力、风险收益偏好等方面都存在很大差异,对金融产品的需求也不尽相同。市场的长期稳定发展需要投资者的专业化程度和风险承受能力与产品相匹配。因此,在资产管理发展实践中有必要注重对投资者进行分类管理,“将适当的产品销售给适当的投资者”,防止不当销售产品或提供服务。

境外成熟市场均高度重视适当性管理,建立了全面有效的制度机制,取得了良好效果。我国资本市场以中小投资者为主,更需要采取针对性措施来保护投资者特别是中小投资者的权益，引导市场健康、有序发展，所以，在我国建立投资者适当性制度尤显重要。

一、国外投资者适当性管理介绍

自20世纪70年代以来，各种创新的不断涌现开辟了金融发展的新时代，但这些产品设计以结构化、杠杆化、衍生化为特征，具有极高的专业性和复杂性，它不仅增大了投资者风险，而且也增大了投资者对产品理解的难度。尤其是随着20世纪90年代末期银行资产证券化的快速推进，金融衍生品风险开始蔓延至传统银行业，这引起世界各国监管层及国际监管合作机构的高度关注。

早在1982年美国证券交易委员会（Securities and Exchange Commission，SEC）发布D条例（Regulation D），其中提及了"认可投资者（Accredited Investors）"的概念。1988年美国SEC颁布了144A条例（Rule 144A），明确界定了"合格机构买方（Qualified Institutional Buyers）"，目的就是通过区分投资者类型，建立投资者适当性规则，监督金融中介机构自律，并以此对普通投资者进行特别保护，防止其参与超过其风险承受和识别能力的高风险产品或业务。

2008年巴塞尔委员会、国际证监会组织（International Organization of Securities Commissions，IOSCO）及国际保险监督官协会（International Association of Insurance Supervisors，IAIS）组成的联合论坛发布了《关于金融产品和服务零售过程中的客户适当性》的深度分析报告。该报告覆盖了银行、证券和保险三个行业，对监管者和从业机构因零售金融产品不当销售引起的风险进行了阐述，也包括了相关的监管要求。

2009年，IOSCO技术委员会（Technical Committee，TC）发布了《关于未受监管的金融市场和产品的总结报告》，报告特别指出应对投资者适当性要求及成熟投资者的定义进行评估，并根据相关市场情况，酌情强化此类要求。

2012年，IOSCO又发布了《关于销售复杂金融产品的适当性要求》的文件。它将"复杂金融产品"定义为：与传统或普通的证券产品相比，含义和特征很难被普通零售客户所理解的金融产品，一般具有复杂的结构，需要专业的技术或系统进行估值，二级市场流动性很差。一般包括但不限于以下产品：结构性工具、信贷挂钩票据、混合型债券、股票挂钩票据、与市场参数相关的证券、资产支持证券（Asset-Backed Security，ABS）、抵押支持证券（Mortgage-Backed Security，MBS）、担保债务证券及其他金融衍生工具（包括信用违约交换和备兑权证）。文件还定义了“不当销售”，它一般是指金融中介机构向客户出售不适合该客户的金融产品。所谓“适当性”，是指金融中介机构在销售金融产品的过程中应当遵守的标准和规定，并据此评估所出售的产品是否符合客户的财务状况和需求。销售行为包括向客户提供投资建议、管理个人投资组合和推荐公开发行的证券。

从各国实践来看，投资者适当性管理制体系对客户均有建立分类体系。虽然分类方式不同，但一般都是区分为专业投资者和非专业投资者。对于非零售客户、机构投资者或者专业投资者，境外成熟市场一般不严格要求或者不要求金融机构履行投资者适当性义务。主要是因为上述投资者具备对风险进行系统性分析和管理的能力，能够理解所购买金融产品的风险且具备承担投资风险的财务实力。对于除此以外的零售投资者或非专业投资者则要求金融机构严格执行投资者适当性制度，以提高对投资者的保护水平。

下面简要介绍几个发达市场对投资者适当性管理的实践。

中国香港地区将投资者分为 A 类专业投资者、B 类专业投资者以及非专业投资者，其中 A 类专业投资者主要为专业机构投资者，B 类专业投资者包含机构和个人，其中对个人的要求为拥有投资组合不少于 800 万港币。其余为非专业投资者。

中国台湾地区将投资者分为专业投资人和非专业投资人，其中对自然人成为专业投资人要求拥有新台币 3 000 万元以上的财力证明以及投资人拥有充分的金融商品专业知识。

欧盟则将投资者分为合格对手方、专业客户以及零售客户。自然人成为专业客户需经申请并满足以下三项标准中的两项：（1）开展过大量交易，前四季度交易频率为每季度 10 次；（2）现金及投资组合规模超过 50 万欧元；（3）在金融行业专业职位上工作至少满一年。

日本通过《金融商品销售法》和《金融商品交易法》对投资者分类进行了规定，将客户分为专业投资者和普通投资者，并且普通投资者和专业投资者在一定条件下经过严格的程序后可以相互转化。《金融商品交易法》将投资者细分为四类，即将专业投资者分为不可转化为普通投资者的专业投资者，和可转化为普通投资者的专业投资者；普通投资者分为可转化为专业投资者的普通投资者，以及不可转化为专业投资者的普通投资者。其中可转化为专业投资者的个人普通投资者要求为根据其交易经验判断，满足具备一年以上交易经验、个人净资产在 3 亿日元以上（约为 370 万美元）以及投资性金融资产 3 亿日元以上；或者独立管理或与隐名合伙人共同管理 3 亿日元以上的出资，且普通投资者转化为专业投资者的状态变更已征得所有合伙人的同意。除了法律上不可以转化为专业投资者的普通投资者和不可以变更为普通投资者的专业投资者，同一个投资者在不同的金融机构可以有不同的身份，即可能其在这一家金融机构是专业投资者，而在另一家金融机构又是普通投资者。

美国则没有统一的投资者分类，而只有散见于各类法规中的各类合格投资者。例如为解决私募证券的注册豁免和交易问题，美国证监会形成了 D 条例下的认可投资者（Accredited Investor）和 144A 规则下的合格机构投资者（Qualified Institutional Buyers，QIB）。其中自然人认可投资者的主要认定标准为净资产超过 100 万美元，或个人近年均所得超过 20 万美元或与配偶合并年均所得超过 30 万美元。另外针对基金豁免而配套设立合格购买者制度（Qualified Purchasers，QP）将自然人合格投资者定义为个人连同配偶的投资额不少于 500 万美元的自然人。

综上，资本市场成熟的国家都十分重视对传统金融投资者的分类，这些分类成为了市场准入限制的基础。虽然不同国家、不同时期对投资者分类的称谓和内涵千差万别，导致准入限制的具体标准也不同，但归纳起来，各种传统金融交易中的投资者准入标准均可用两个维度进行衡量："经济能力"和"专业性"。

（1）经济能力——综合各国、各地区立法，投资人的经济实力是判断合格投资人的最主要标志之一。一般来说，投资人拥有较强的财力或拥有高额的金融投资和金融资产，往往抵御市场风险的能力也较强。但这一标准也颇受争议。实践证明，大量关于不当销售的诉讼往往是高资产客户受到严重损害后提起的，净资产、收入或认购额标准都不能确保投资者有足够的能力去承担投资失败的风险。美国 SEC 亦曾在裁决中指出："风险大、投机性较高的产品，并非一定适合财力雄厚的客户，相反，财产较少的年轻人可能更适合投机性较高的投资，因为其风险承受能力特别是遭受损失后的恢复能力较强。"

（2）专业性——随着金融创新和混业经营的不断发展，专业性金融机构大量涌现，他们通过执行交易指令、账户管理或发行集合投资计划等，为投资者提供证券投资服务。投资者对资产的投资方向、方式和时机都没有决定权，与金融机构之间存在严重的信息不对称，可能购买了自己完全不理解的金融产品，而遭受损失。因此，针对部分复杂的金融产品，对专业投资者的准入要求以强调投资者的资历经验为主。而资历经验，即投资者在作相关投资决策时在知识、能力和经验上所具备的专业性，往往体现在投资者的知识背景、职业、商业经验、投资经验等方面。

二、国内的投资者适当性管理现状

投资者适当性管理是金融创新的必然产物，也是通行的国际惯例。与成熟资产管理市场以机构投资者为主不同，中国资产管理行业中个人投资者占比较大，这更需要我们建立有序的投资者适当性管理制度，从而有效地保护个人投资者的合法权利。

目前在投资者适当性管理体系中，对投资者的保护主要是通过严格的准入制度加以实现的，以市场禁入的方式将一部分投资者拒之"高风险金融产品"的门外。而设立投资者门槛最主要的考虑依据仍然为财务实力。这样做的主要原因是，现行方法不足以精确判断投资者的风险承受能力，只能假定越富裕的人群承受风险的能力越高，通过"一刀切"的方式简单加以区分。而事实上，一个人的风险承受能力不仅与其财务实力有关，更与其风险偏好、风险认知水平、投资经验等因素有关。

目前，国内的信托、银行理财、券商资管、基金、特定资产管理等行业都有各自的投资者适当性管理规定，针对自然人投资者，一般以经济能力为主要衡量方式。具体如下：

表 3－1 国内机构对合格投资者标准的规定

资管机构	资管产品类别	合格投资者标准
信托公司	集合资金信托	最低投资金额不低于 100 万人民币的自然人、法人或者依法成立的其他组织
		个人或家庭金融资产总计在其认购时超过 100 万元人民币，且能提供相关财产证明的自然人
		个人收入在最近三年内每年收入超过 20 万元人民币，或者夫妻双方合计收入在最近三年内每年超过 30 万元人民币且能提供相关收入证明的自然人
证券公司	集合资产管理计划	个人或者家庭金融资产合计不低于 100 万元人民币
		公司、企业等机构净资产不低于 1 000 万元人民币
保险公司	集合产品	单一投资人初始认购资金不得低于 100 万元人民币
私募基金	私募投资产品	具备相应风险识别能力和风险承担能力，投资于单只私募基金的金额不低于 100 万元且符合下列相关标准的单位和个人：（一）净资产不低于 1 000 万元的单位；（二）金融资产不低于 300 万元或者最近三年个人年均收入不低于 50 万元的个人
银　行	普通理财产品	单一客户销售起点金额不得低于 5 万元人民币
	针对私人银行产品	金融资产达到 600 万元人民币及以上
	针对高净值客户产品	（一）单笔认购理财产品不少于 100 万元人民币的自然人；（二）认购理财产品时，个人或家庭金融净资产总计超过 100 万元人民币，且能提供相关证明的自然人；（三）个人收入在最近三年每年超过 20 万元人民币或者家庭合计收入在最近三年内每年超过 30 万元人民币，且能提供相关证明的自然人

由于客观存在的分类监管与监管套利，国内投资者适当性管理的效果不尽理想。一方面在产品创设中，管理人通过各种嵌套规避合规风险，导致产品结构复杂，各参与方职责不清；另一方面，公众投资者为了能够投资起点较高的产品，采用“众筹”的方式募集资金，变相降低合格投资者的标准，

使销售适当性管理无法真正落实。

2016 年 12 月 12 号，证监会发布了《证券期货投资者适当性管理办法》，首次针对证监会管辖内的金融机构的投资者适当性管理进行了统一和规范。但因该政策于 2017 年 7 月 1 日方开始执行，且部分细则有待明确，金融机构的操作经验有限，故目前对投资者的保护效果仍有待观察。

同时值得注意的是，在大数据信息技术与金融业紧密交融的趋势下，投资者自身也发生了如下的一些变化：

（一）获取信息更丰富

互联网金融通过网络技术，使信息的聚集和提取方式发生了变化。互联网时代，投资者不仅可以通过融资人渠道了解其产品信息、营销文件、金融信息、新闻通讯等，还可以通过第三方网站了解公司新闻、相关的商业和行业新闻、股票价格、分析预测与报告及外部监管机构发布的信息。随着数据挖掘的运用，大量分散在电子公告板（Bulletin Board System，BBS）、聊天室、博客、微博、微信等网络社交平台上的信息可以更便捷地被投资者获取，其中大都是市场参与者发布或传递的私人信息和即时信息，这极大地拓展了投资者占有的信息量，同时降低了信息不对称程度。

以互联网股权融资为例，项目融资人可以在网络社区上找到合作伙伴的人力、智力及技术支持，在电子商务平台展示产品、进行交易，并通过第三方支付实现日常资金的流转。投资人不仅可以获得金融平台发布的融资人及项目的基本信息，并能通过征信体系数据积累，得知融资人或项目运营团队主要人员的信用状况，还能通过对行为数据的分析，获悉融资项目的资金资产状况、融资人的项目经营能力、曾经从事相关商业活动的记录、项目的业务记录及运营情况等。在传统模式下，上述信息都是只有“内部人”及“密切关系人”才有可能知晓的，而在互联网金融时代，投资人不需要耗费过多成本就能轻易获得，甚至可以免费共享这些信息。

综上所述，互联网时代降低了信息不对称和不完全造成的交易成本。“点对点”之间信息的平等交换和信息分享，使得很多信息资源变得不再由传统金融机构所独享。因此，互联网投资者不再孤立，信息不再碎片化，不论投资者的财富状况或人脉资源，他们都能获取更多高质量、易使用的投资信息。

（二）金融专业知识可获取性提高

从认知能力来说，互联网无疑提升了现代投资者的知识结构和知识储备。无论多么冷僻的知识、复杂的专业术语，还是抽象到难以理解的问题，投资者几乎都可以在网络论坛中查到相关的评价和争论，甚至可以向“圈内人”实时咨询。

从信息分析能力来看，互联网改变了投资者评估风险不确定性的基础和方式。传统金融投资中，“非理性”大都由“直觉上的统计”造成，然而，随着大数据时代的来临，样本量大大扩展，甚至可以涵盖全体数据。投资者能便捷地运用电脑模型和各种算法，克服情绪化因素如“狂热、沮丧、恐惧”等对投资决策的影响。

综上，互联网时代下的投资者具备更强的计算能力，很少被感性和直觉因素干扰，拥有更多的备选方案，有更强的风险预测能力。

（三）互联网金融产品改变了风险承受能力

在互联网金融的去中心化的过程中，个体的个性化、碎片化投融资需求得到充分释放和满足。互联网庞大的用户群体的规模优势以及较低的交易成本优势，可以降低个体的边际成本，不仅满足了市场需求，还能使风险更加分散化，降低单个投资者的风险承载量。

传统金融体系中没有得到满足的金融需求在互联网金融中爆发，如中小微企业融资需求、个人小额融资需求等，这些需求都可以在互联网中实现“点对点”配对，从而摆脱传统金融中介，实现资金的供求平衡。这些金融需求虽然相较于传统金融风险较高，但单体微小，分散在互联网聚集的庞大用户群中，并不会加重单体用户的风险承受量，反而降低了系统性风险发生的概率。

由以上分析可见，在互联网技术的推动下，投资者信息不对称的状况有所缓解，获取信息的成本大幅下降；同时，数据分析软件和模型的广泛使用，使得投资者在“理性”方面有了大幅提高。所以,仅通过传统的财力要求对合格投资者进行准入,将导致众多有能力保护自己的中小投资者丧失交易机会,影响资源的配置效率。

三、当前大力推进投资者适当性管理的意义

受益于国内居民财富的积累及理财意识的觉醒,近年来中国金融资产管理行业经历了高歌猛进式的增长,规模从 2012 年年末的 27 万亿元急剧成长至 2016 年年末的 100 多万亿元。资管行业的发展不仅满足了大众不同层次的投资理财需求,更在优化社会融资结构、推进利率市场化进程等方面发挥了积极作用。然而令人忧虑的是,伴随发展而来的“刚性兑付、监管套利、多层嵌套、杠杆过高”等行业顽症日益加重,尤其在宏观经济增长下行、金融风险集聚的背景下,许多所谓的“创新”是在与监管层的“捉迷藏游戏”间,扮演着抵消货币政策有效性、推高社会融资杠杆率及加剧金融风险扩散的角色。在当前市场环境下,大力推进投资者适当性管理的意义主要表现在以下几点:

(一)投资者适当性管理是打破刚性兑付的前提条件

真正意义上的资产管理不应该是刚性兑付的。“卖者有责”与“买者自负”共同体现了现代金融交易的诚信原则与契约精神。打破刚性兑付的前提条件是“卖者有责”。在卖者未尽职责的前提下要求“买者自负”是不公平的,更无法得到法律的支持。从国内多个理财产品未保本兑付而引发的投资者与金融机构的纠纷判例来看,金融机构因不当销售、未充分揭示产品风险、未勤勉尽责等原因而败诉的比率非常之高。正因为投资者适当性管理体系建设缺失,很多金融机构在向法院举证自身尽责时缺乏有力依据,进一步加剧了其刚性兑付的惯性。

投资者适当性管理体系的内容与卖者的“职责”高度吻合:一方面,要求卖者在产品风险等级与投资者风险承受能力之间作出精准匹配,避免不当销售;另一方面,要求卖者在销售之初及产品存续期内,持续、客观地披露产品信息和风险,使投资者在信息相对充分的条件下自由作出选择判断。

只有这样，卖者才能将风险与收益真正过手给投资者，打破“刚兑”的魔咒。

更进一步分析，只有刚性兑付被打破，资管机构才能轻装上阵，不再为了寻求所谓的“低风险、高收益”资产，刻意通过放大杠杆、期限错配、层层嵌套等手段增厚收益、规避监管；才能将相当一部分积聚在金融体系内的风险逐步释放；才能恢复金融系统正常的风险定价机制，优化社会金融资源的配置效率。由此可见，投资者适当性管理在此次资产管理改革中的重要性。

（二）投资者适当性管理是落实投资者保护的重要手段

投资者保护是金融市场监管的永恒主题，同时也是衡量一个金融市场是否健全成熟的重要标准。与国外成熟的资产管理市场以机构投资者为主不同，中国资产管理行业个人投资者占比较大。以中小投资者为主的投资者结构使得投资者保护尤为重要。不同投资者对于市场的认知、产品的理解、风险承受能力存在巨大差异，而金融市场瞬息万变，产品种类多样，结构日渐复杂。经营机构开发客户、销售产品的冲动与投资者处于信息相对弱势地位的冲突，决定了构建投资者适当性管理体系的必要性。依据不同投资者的特点，匹配合适的产品，对于保障中小投资者权益、引导市场健康有序发展具有重要意义。

（三）投资者适当性管理是实现普惠金融的一大推手

目前，各国监管机构通行的适当性管理办法是针对不同的资管产品、投资者财务实力，设立差异化的准入门槛与起投金额。这样做的主要原因是，现行方法不足以精确判断投资者的风险承受能力，只能假定越富裕的人群承受风险的能力越高，通过“一刀切”的方式简单加以区分。而事实上，一个人的风险承受能力不仅与其财务实力有关，更与其风险偏好、风险认知水平、投资经验等因素有关。随着以互联网、大数据、人工智能等为代表的新技术日新月异的发展，我们完全可以做到更为精准地为投资者进行画像，对上述因素进行深度剖析，从而综合判断投资者属于何种类型，适合购买何种产品。因此，不断完善的投资者适当性管理体系，使更多的投资者有机会参与投资，购买到与其风险能力相匹配的产品，实现金融普惠也将成为可能。

四、建立投资者适当性管理体系的实践

投资者适当性管理简单来讲就是“将合适的产品销售给合适的投资者”。该体系主要包括“了解你的产品(Know Your Product,KYP)、了解你的客户(Know Your Customer,KYC)、产品风险与投资者的适配、信息披露、投资者教育”等五方面内容。

陆金所作为互联网财富管理平台,其线上提供的产品种类非常丰富,本着“合格的产品卖给合适的人”的风险管理理念,2015年下半年,陆金所启动了投资者与产品风险适配体系项目,试图通过大数据综合运用、机器学习以及金融工程等方法,建立完整的互联网财富管理平台投资者适当性管理体系。该项目的具体实践主要包括:

(一)了解你的产品(Know Your Product,KYP)

互联网财富管理平台需要以成熟、专业的方法对资产进行识别、筛选和风险等级评定,同时辅之产品复杂程度评估,最终形成产品风险等级。

互联网财富管理平台应当借鉴和利用传统金融机构风险管控行之有效的办法,同时充分发挥互联网大数据的优势。具体而言,从风险政策、信用评级、信息披露、风险监控、风险评价、风险管理信息系统等方面入手,实现对资产的识别、筛选和风险等级评定。

1. 风险政策

对所有交易对手、底层资产和产品类型都制定明晰的风险政策和准入标准,确保各项业务在风险制度框架内有序运行。

2. 以信用评级为手段,设定准入资产门槛并进行风险等级评定

通过建立信用评级模型对交易对手及产品进行风险评级。信用评级结果除用于资产准入外,也可以在投后预警、信息披露、风险定价等方面发挥显著作用。

目前有越来越多复杂的产品被销售给投资者,这有利于投资者,因为提供了更多的投资选择。然而,产品复杂度的提升会给投资者理解产品的风险收益特征以及不同情景下的期望收益带来困难。同时,产品特性也会模

糊投资者面对的投资风险，尤其是可能带来的本金损失风险。因此，对资产进行识别、筛选和风险评定后，为使投资者更清晰地认知拟投资产品，互联网财富管理平台需从产品结构层级数量、衍生品使用、估值模型公开度、收益结果数量等维度，对产品复杂程度进行评估。

（1）结构层级数量：该因素是指决定产品收益的结构层次数量，产品结构越多，投资者理解产品风险收益特征就越困难。例如，一个有结构的产品的收益会由至少两个不同的底层资产决定。另一方面该因素是指在投资者和底层资产之间结构层次的数量。如股票和债券被认为是只有一层结构，因为投资者直接面对底层资产；基金产品，由于基金经理每日对底层资产进行控制，这一额外的结果增加了产品的复杂度，所以被认为具有两层结构。

（2）衍生品使用：这是指产品中含有衍生品的使用，是因为产品本身是个衍生品（如期权、期货、互换），或产品包含衍生结构（如杠杆外汇交易）。至于衍生品的数量，是指衍生品的类型，而不是实际合同的数量。

（3）估值模型公开度：该因素是指考虑了估值模型和输入数据后，投资者是否可以容易地对产品估值定价。它主要有三类：公开可得的，指产品有知名的估值模型且模型的输入数据容易获得，普通股和基金属于这一类；通用的，指产品估值并不依赖于公开可得的模型，也不依赖于专有模型，例如期权；专有的，指发行人使用专有的估值模型，例如结构化产品。

（4）收益结果数量：产品的收益结果依赖于不同的依情况而定的事件，如股票只有一种收益结果数量，期权有两种收益结果数量。

3. 充分信息披露

投资者只有充分了解拟投资的产品，才能最终实现“买者自负”，而了解产品的前提就是全面清晰的信息披露。建立和完善涵盖投资前、投资时、投资后的全流程、动态化的信息披露制度，可以为投资者提供差异化的风险提示。

4. 投后预警监控

达成交易只是投资的第一步，达成交易后，互联网金融机构还需利用大数据与机器学习建立风险预警模型，搭建以财务及非财务指标为核心的预警信号实时识别与自动监控系统，对所有在售资产进行动态检视，监控融资主体的还款能力、还款意愿及经营情况，一旦发生异常及时预警。

目前相当数量的传统金融机构仍以人工方式进行预警信号的收集和风险的判断。这种方式不但难以在早期及时发现风险，而且存在人工操作风险。最近在平安集团的大力支持下，陆金所正在建设智能化风险预警监控体系，即通过大数据、机器学习筛选预警信号，计算违约相关性，设立预警阈值，建立风险预警监控模型。系统会自动定期从不同数据源获取预警监控对象的舆情、行业、市场、招聘、财务、违约、诉讼等不同维度的信息，进行统计、分析和运算，并评出预警等级，在投前、投中、投后的各阶段自动提示预警信号，按不同预警等级施行相应的风控措施。与传统预警监控体系相比，智能化风险预警监控体系不但可以提升风控工作的时效性、全面性和准确性，而且可以大幅降低因资产损失、线下管理而产生的风险成本，从而极大地提升了风险管理工作的效率。比如，传统金融机构可能会关注融资人高级管理层的变动情况，但不会将企业招聘信息纳入预警考量。我们通过量化分析会发现，若企业频繁发布基层员工招聘信息，若非业务高速增长、大幅扩张，则可能侧面说明企业存在着员工流失严重、主营业务面临转型等风险，从而更早地识别企业风险。

预警监控系统应采用线下与线上结合的方式进行。除了线上外，线下仍需配备投后管理团队进行定期实地检查。根据线上与线下的综合结果对投资产品实时进行预警，在必要的情况下调整评级，并动态地向投资者披露。有效的投后监控体系能够保证在融资项目发生问题时，早感知、早预警、早采取补救措施，做到不受或少受损失。

更重要的是，经过一段时间的历史数据累积后，互联网财富管理平台可将各项预警信号与事后违约结果进行关联度分析。通过机器深度学习，互联网财富管理平台可以在纷繁复杂的信号中找出与该行业违约事件强相关的指标，作为日后资产准入审批的重要依据，从而有效提高审批的决策精度。

5. 全流程风险管理系统支持

由于互联网的特质，互联网财富管理平台一旦出现风险，传播速度极快，影响范围广且力度大。故在产品创新过程中，互联网财富管理平台需要强大的风险管理系统支持高效敏捷的风险监控，确保将风险管控贯穿于整个业务流程和产品生命周期。风险管理系统应当具备业务全覆盖、管控智能化、策略模型化功能。

6. 风险评价体系

风控在金融企业中不应仅是一个中后台的服务或者管理部门,而应作为业务的引领与核心。因此,互联网财富管理平台的风控触角应伸入前台,风控人员应被内嵌至前台业务单元中,对前台销售人员的考核也需有风控指标。完备的风险评价体系能促使前台人员在开展业务时始终将风险摆在第一位。

(二)了解你的客户(Know Your Customer,KYC)

准确评估投资者的风险承受能力,是投资者适当性管理的关键。传统金融机构在进行投资者适当性管理工作时,主要以客户资产多少来衡量风险承受能力,较少全面地考虑客户的风险认知水平和主观风险偏好。这样的后果是,众多财务实力一般,但风险认知水平高且愿意承担一定风险的普通投资者被挡在服务之外,造成金融压抑,普惠金融更是奢谈。

通过不断探索,结合大数据、机器学习等新技术,陆金所的评估方法是从投资者客观实力和主观风险偏好两个维度来评估投资者的风险承受能力。

客观实力,主要考察投资者的基本信息、资产信息、投资行为、消费行为等;主观风险偏好,主要考察投资者投资规划、投资经验、风险认知水平、风险敏感度等因素。具体框架见下图:

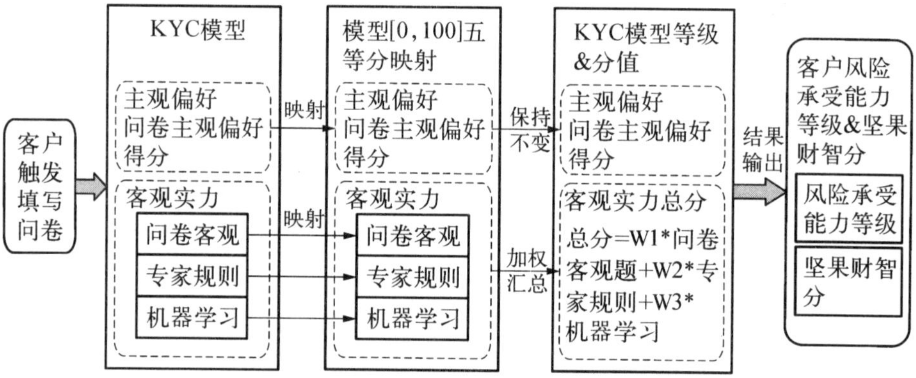

图3-1 风险测评系统架构

对投资者进行风险承受能力测评时，投资者的客观实力部分（例如年收入、可投资金额等），目前传统的普遍做法均依赖其自行填写。数据缺乏客观验证，局限性明显。随着云计算等新技术的发展，海量数据的记录及运用变得可能，陆金所作为互联网金融企业，尝试利用平台累积的数据以及其他关联大数据，通过机器学习等方式，建立投资者客观实力评估模型，通过模型对投资者的客观实力进行打分，更为精准地评估投资者的客观实力。

➢ 客观实力问卷分

客观实力问卷分是基于客户回答风险承受能力评估问卷的客观题计算得出。

➢ 专家规则模型

专家规则模型则是将有助于反映投资者客观实力的特征变量均纳入评分系统中，并对所有特征变量进行维度分组，相同维度的特征变量合成一组，使得相近特征变量拥有相同的权重分数。

特征变量主要分成四大类：基本信息、资产信息、投资行为及消费行为。在模型中，需要对每一种类别的行为进行数据标准化处理，进而将每个客户的特征变量值进行标准化处理。具体逻辑见下图：

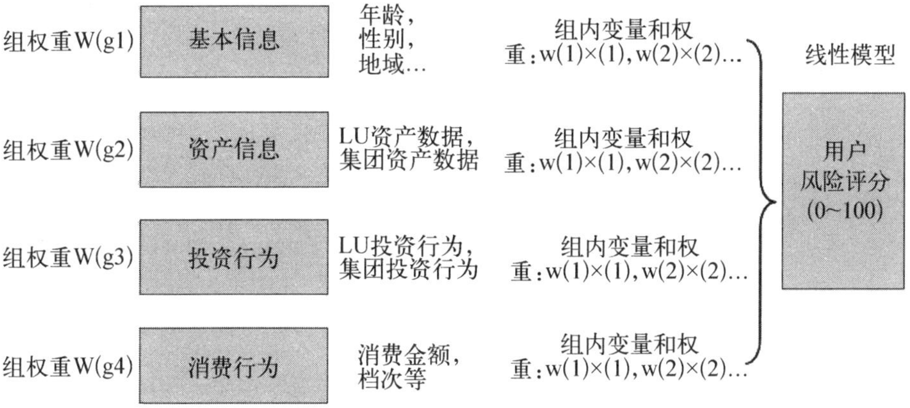

$$\text{Score} = \sum_{1}^{4} \frac{W(g)}{1 + e^{-\sum w(f) * x/k}}$$

$W(g)$：组权重；
$w(f)$：组内特征权重；
x：组内特征分数；
k：可调常量（$k=500$）；
sigmoid 函数来平滑组内 Score。

图 3－2　专家规则计算逻辑

➤ 机器学习模型

建模步骤:

1. 数据处理:将连续变量、离散变量、缺失变量进行分类处理;

2. 正负样本定义:自定义客户 1、0 的客观实力模型样本,其中 1 代表客观实力强,0 代表客观实力弱;

3. 建立模型:通过机器学习模型(逻辑回归)来建立模型;利用公式(1)来计算模型参数 θ:

$$Z = \theta_0 x_0 + \theta_1 x_1 + \theta_2 x_2 + \cdots + \theta_n x_n$$

$$g(Z) = \frac{1}{1 + e^{-Z}} \tag{1}$$

$$p(y = 1 \mid x;\theta) = \sigma(\theta^{T} x) = \frac{1}{1 + \exp(-\theta^{T} x)}$$

通过损失函数(2),找到一组最优的 θ,使得公式(2)的函数值最小。

$$logloss = -\frac{1}{N}\sum_{i=1}^{N}\left(y_i \log(p_i) + (1 - y_i)\log(1 - p_i)\right) \tag{2}$$

4. 模型输出:根据平台存量客户的数据分布,将模型输出的介于 0—1 之间的概率划分成 5 档;从而,得到客户相应的 1—5 财务实力评级;

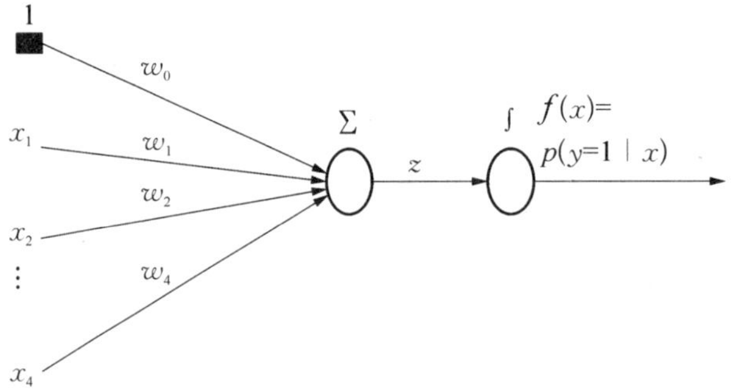

图 3-3 机器学习模型输出

➤ 客观财务实力总分

总分 = W1 × 问卷客观 + W2 × 专家规则 + W3 × 机器模型

当模型中客户指标值填充率≥阈值 1 时：使用组 1 权重(W1,W2,W3)；

当模型中客户指标值填充率在[阈值 2,阈值 1)区间时：使用组 2 权重(W1,W2,W3)；

当模型中客户指标值填充率<阈值 2 时：使用组 3 权重(W1,W2,W3)。

1. 以问卷模型评估投资者主观风险偏好

问卷方式在评估投资者风险承受能力方面仍能发挥重要作用,但问卷方向需要调整。陆金所问卷不再重点关注投资者的资产、收入等反映财务实力的信息,而主要考察投资者投资规划、投资经验、风险认知水平、风险敏感度等风险偏好方面的要素,同时结合心理分析题,多维度准确考量投资者的主观风险偏好。

2. 量化投资者的风险承受能力

投资者在陆金所平台填写风险承受能力测评问卷时,以大数据、机器学习等技术为基础的后台系统同时调用、分析投资者的各种大数据,并结合投资者问卷填写结果,综合客观财务实力和主观风险偏好两个维度的得分,获得投资者最终的风险承受能力等级。为使投资者能更直观地了解风险承受能力,系统在输出客户风险承受能力等级的同时,还进行了量化,输出"坚果财智分"。

风险偏好＼客观实力	弱	较弱	中等	较强	强
弱	保守型 300—346	保守型 320—366	保守型 340—386	稳健型 400—440	平衡型 520—550
较弱	保守型 326—373	稳健型 406—445	稳健型 417—457	平衡型 537—602	平衡型 544—608
中等	保守型 353—399	稳健型 434—474	平衡型 589—653	平衡型 595—660	成长型 660—713
较强	稳健型 451—491	平衡型 580—620	成长型 668—721	成长型 683—736	成长型 698—751
强	稳健型 479—519	平衡型 600—640	成长型 706—759	进取型 760—790	进取型 770—800

图 3-4　风险承受能力等级及坚果财智分分布

为了更及时地反映投资者风险承受能力的变化，投资者的坚果财智分会随着以下因素动态调整：通过投资者教育，提升投资者风险偏好得分；通过丰富投资品种等提升投资者投资经验，进而提升风险偏好得分；对于高龄投资人（70 岁以上），随着年龄增加相应调减风险偏好得分。

因评估结果与投资者可投资的产品息息相关，为了防止投资者为了买到收益高但风险较大的产品而进行不断测试，系统设定同一投资人在一年中仅能进行三次风险承受能力测评，从而降低了投资者购买超出自身真实风险承受能力的金融产品的可能性。

与大多数金融机构类似，在该系统未开发成功之前，陆金所在过往也仅主要依赖问卷调查的方式对投资者进行风险承受能力评估。但通过此次系统开发阶段百万样本的测试比较，我们发现仅靠传统问卷得出的结果对投资者风险承受能力的误判率达到60%以上，效果着实不佳。由此可见，运用大数据、机器学习等新技术更能贯彻落实监管层“投资者适当性管理”的要求，从而更好地保护投资者利益。

（三）投资者与产品精准匹配

KYC、KYP 是手段，目的是为了保护投资者的利益，实现“合适的投资者投资合适的产品”的目标。因此，实现投资者与产品的精准匹配是十分必要的。传统金融机构对投资者风险承受能力测评后，较少将风险承受能力等级与产品风险进行清晰的匹配，不同等级的投资人可以投资的产品区别不大。为了保护投资者利益，确实做到“将合适的产品卖给合适的人”，互联网财富管理平台应当在资产风险识别及投资者风险承受能力精准分析的基础上，明确各等级风险承受能力投资者可投资的产品范围，并将匹配规则嵌入模型化、智能化的投资者与产品风险适配系统，结合智能投顾，自动实现资产和资金的精准匹配。

精准匹配，重点是匹配规则。匹配规则适当，才能在帮助投资者管控好风险的同时满足其投资需求，而要做到匹配规则适当，则需要在遵循基本规则的基础上，利用大数据，进行动态分析并动态调整。

匹配基本规则应当包括：

1. 风险承受能力高的投资者可以投资相对高风险的产品；风险承受能力低的投资者只能投资相对低风险的产品。

2. 风险超配时，系统自动拦截，同时系统推荐合适产品，引导投资者购买与其风险承受能力相匹配的产品。

3. 针对不同风险等级的产品，互联网财富管理平台应设定最低起投金额。

4. 为分散投资人投资风险，对某些高风险产品，互联网财富管理平台应设置最高持有金额。

除了在投资者主动购买时通过匹配规则进行精准匹配外，互联网财富管理平台还可以充分利用投资者画像结果，实现产品智能推荐。通过对投资者现有资产配置与建议资产配置的比较以及大数据分析，互联网财富管理平台可以智能地引导投资者进行合理的资产配置，购买与其风险承受能力匹配的产品，提升场景转化效率。

（四）信息披露

线上理财投资者并不接触互联网金融企业的员工，不能当面沟通产品信息，投资决策依赖线上信息，所以以活泼、易懂的方式告知投资者，让投资者明白产品风险是关键。因此，和传统金融不同，信息披露是互联网平台保护投资者一个非常重要的手段。虽然在许多互联网金融平台上都会出现一些类似风险提示的内容，但一般都为“标准化”语言。对普通投资者来说相对晦涩难懂，可获取的信息有限，很少有人会真正去阅读。互联网财富管理平台要进行差异化信息披露，即针对每一个不同的产品，将其内部评级、底层资产、主要风险、还款来源、保障措施以及涉及产品复杂度的产品结构层级数量、衍生品使用、估值模型公开度、收益结果数量等维度等都一一列明，并且用互联网化的语言传达给投资者。同时，信息披露还应实行动态化管理，通过投后监控让投资者及时了解底层资产情况。当投资产品风险等级不再与原投资者的风险承受能力相匹配时，投资者可以通过转让的方式，将产品转让给其他合适的投资者。

（五）投资者教育

为了提高投资者金融认知与风险识别能力，全面了解产品相关信息，需要进行投资者教育。但仅靠简单的知识灌输和说教进行投资者教育，已经远远不能适应当前投资者的“偏好”，效果如何也可想而知。互联网财富管理平台需要与时俱进，在保证投资者教育内容适当的前提下，设计投资者乐于参与的投资者教育方式。

为帮助投资者提高金融认知与风险识别能力，互联网财富管理平台对投资者精准画像后，应向投资者展示风险承受能力评估结果，明确其风险承受能力等级，并根据投资者的画像结果，推送与其风险承受能力相匹配的投资产品，开展产品风险和特性知识培训。同时，结合画像内容，在平台上采用模拟投资比赛、游戏等多种模式，帮助投资者提升投资经验和风险认知水平，在服务投资者的同时达到投资者受到教育的目的。

为了达到更好地保护投资者的目的，未来我们将继续强化投资者教育的功能。如针对投资经验较为缺乏的客户，在投资复杂度较高的产品时，平台可考虑强制推送相关的金融知识供其学习。

上述互联网财富管理平台的投资者适当性管理的实施，是一项完整的系统工程，需要综合运用金融工程、机器学习等各类技术，并依赖海量的大数据，对传统资产管理机构有较好的借鉴意义。

第四章

借贷业务与互联网的融合

借贷业务是传统商业银行业务的基石，在过往三十多年的改革开放中，银行信贷业务对国民经济的健康快速发展起到了保驾护航的作用。但随着改革逐渐步入深水区，社会经济结构等领域发生了一系列变革，传统商业银行的借贷业务面临着业务效率偏低、风控手段创新不足、客户结构有待下沉等诸多挑战。以互联网、云计算、区块链和人工智能为代表的新科技风起云涌，通过与传统商业银行借贷业务的有效融合，给这一古老而又传统的业务带来新的发展机遇：新技术不仅可以帮助商业银行丰富风险管理手段、提高风险管理精度，还可以降低服务成本、扩展业务半径。通过与互联网为代表的新科技有效融合，作为银行业务基石的借贷业务必将重新焕发勃勃生机。

借贷业务与互联网的融合还体现在互联网金融企业开展的P2P网络借贷业务上。作为"互联网+民间借贷"的一种业务模式，在监管层的引导与支持下，P2P网络借贷经历了从乱象横生到逐渐规范的发展过程。

无论是互联网金融企业还是商业银行，虽然在借贷领域的创新路径会有不同，但最终将殊途同归，两者将在信用风险控制这一擂台上正面交锋，谁能最大限度地"以客户为中心，以风险管理为核心、以应用场景为基础、以技术驱动为手段、以实现盈利为目标”，谁才是最后的成功者。

第一节 传统银行借贷业务的痛点

借贷业务是传统商业银行业务的基石，也是商业银行诞生的标志。荷兰阿姆斯特丹银行之所以能被史学界一部分学者认为是世界上第一家现代意义上的银行，是因为它从 1683 年开始为客户提供贷款，利用自己的信用介入借贷业务，提高借贷效率。

商业银行作为金融中介，主要靠赚取利差盈利：一方面以较低的利息成本从社会资金富裕方吸收存款，另一方面将汇集的资金以稍高的价格借给需要资金的企业或个人。赚取利差的代价是银行需要承担借款人违约、破产等无法按时足额偿付资金的信用风险。银行对存款人存款的兑付是无条件的、刚性的，故在贷款端产生的任何风险均由银行自行吸收。银行只有通过不断提高自身识别风险、控制风险的能力，才能减少损失，获取更高利润。“稳健经营、永续发展”是所有商业银行追求的最终目标。

随着国内金融市场的不断完善，以股票和债券为代表的直接融资比重呈现逐年上升趋势，但在短期内仍难以改变以银行贷款为代表的间接融资的市场主导地位。根据中国人民银行的统计数据显示，截至 2016 年年底，以银行信贷为代表的间接融资存量规模为 132.3 万亿元，占比为 84.8%。其中，本外币贷款占比为 69%，委托贷款占比为 8.5%，信托贷款占比为 4%；以股票和债券为代表的直接融资存量规模接近 24 万亿元，占比为 15.2%。其中，债券融资占比为 11.5%左右，股票融资占比不足 4%。因此，我国社会融资结构仍然以银行信贷为代表的间接融资为主。在过往三十多年的改革开放中，银行信贷业务对国民经济的健康快速发展起到了保驾护航的作用。但随着改革逐渐步入深水区，社会经济结构等领域发生了一系列变革，传统商业银行的借贷业务也面临如下挑战：

一、业务效率待提升

完善的风险管理体系是银行信贷业务的生命线,关系到贷款本金的安全及银行的盈利能力。各家商业银行在授信风控流程和体系的建设方面都不遗余力。从业务人员首次接触客户,进行尽职调查、撰写授信报告,到贷款相关资料报送至审查人员,进行二次尽职调查及审查,然后提交有权审批人或贷审会审批,再到各种担保措施和法律文件的核签,最后至放款中心复合各项贷款条件准予放款,在一切顺利的情况下,大多数银行走完这样一个标准的信贷流程至少需要 3 个月的时间,长则超过半年。尤其是近年来银行业的坏账率不断攀升,银行在谨慎经营的原则下,持续地在信贷流程中加入风险防范补丁,使信贷业务流程进一步复杂。这虽然确实有效地防范了坏账风险,但也不可避免地进一步降低了授信效率。

随着直接融资市场的发展,债务性工具发债条件的日益简化,吸引了越来越多的企业通过债务性工具融资,商业银行正承受着日益严重的优质客户流失的压力。以在银行间市场发行交易的超短融、短融和中票为例,由于采取注册制发行,发行周期大幅缩短,对于信息披露完备或已有发行记录的企业而言,最快两周即可完成发行工作,时效性甚至优于银行贷款。

二、风控手段待创新

传统银行风控手段创新不足,主要风险控制手段仍以抵质押担保为主,尤其是随着大企业融资脱媒,银行客户群不断下移,对抵质押担保的依赖进一步上升。能提供优质抵质押资产的企业群体是有限的,成为各家银行争相抢夺的对象。信用良好、无须提供抵质押物的优质大企业融资脱媒,更进一步加剧了银行业务竞争的白热化。优质企业、依赖抵押物的借贷业务已是一片红海。

随着第三产业在经济结构的占比逐步增大,创新型、服务型中小微企业对金融资源的渴求与日俱增,但很多新产品、新服务为虚拟的、无形的,公司拥有的是轻资产，没有大型机器、厂房、土地，很难用传统金融的方式进行定价，因而也很难从传统商业银行获得足够的信贷支持。近年来大行其道的产业链融资、小微企业联保互保、新的质押方式（知识产权质押、应收账款质押、动产质押、股权质押、订单质押、仓单质押、保单质押等）等都可算作商业银行在小微企业业务方面的成功探索，但本质上并未突破以抵质押担保为核心的传统风险控制技术，因此难以在小微企业群体中大规模推广运用。此外，从近期银行不良资产暴露出的特点来看，作为小微金融重要创新的“联保互保”模式恰恰成为风险暴露重灾区，也进一步制约着风控创新模式的复制和推广。

三、客户结构待下沉

传统商业银行为了抢占渠道、拉动业务，以往均在铺设物理网点的广度和密度上进行竞争。这是因为以前银行的大多数业务（比如存取款、汇兑等）必须临柜办理，物理网点越多越能给客户提供便捷的服务，越能带动银行的存贷款业务。而在信息技术日新月异的今天，原本投资高昂的物理网点正逐渐成为银行的负担，人们通过网上银行或自动柜员机可以快速地解决很大部分的业务需求。物理网点日渐门庭冷落。“去机构、去人工”是一个渐进但不可逆转的趋势。据统计，目前电子银行业务替代率达到90%以上。客户到银行柜台办理业务的比例逐年递减。客户到银行办理业务70%以上是在智能设备上完成的，柜面人工办理占30%以下。随着客户年轻化，这一趋势更加明显。

传统银行很难在短期内大量萎缩网点规模，重资产的经营模式令传统银行背负了沉重的成本包袱。银行只能将有限的资源用于服务能够创造更多利润的富裕人群及大企业，而低收入及弱势群体成为被排斥在主流金融服务之外的人群，“金融排斥”现象由此产生。这势必加剧了社会收入分配体系的两极分化，不符合中央“多渠道增加居民财产性收入”及“使最广大人民群众公平分享金融改革发展的成果”的精神；同时，长期以来市场需求与金融压抑之间的矛盾亦为金融秩序的长治久安埋下了隐患。

第二节 互联网给传统银行借贷业务带来的改变

目前，以互联网、云计算、区块链和人工智能为代表的新科技风起云涌，通过与传统商业银行借贷业务的有效融合，走出了“金融+互联网”的改革之路，给这一古老而又传统的业务带来新的发展机遇。这主要表现在以下几方面：

一、丰富风险管理手段，提高业务处理效率

新技术可以帮助商业银行丰富风险管理手段，提高风险管理精度。

传统的银行风控模式主要依靠银行信贷人员的专业技能和经验。而经验积累需要时间甚至坏账来磨砺，成本甚高且耗时过久。大数据技术的发展使风控手段的创新成为可能。通过建立大数据模型，商业银行可对借款人作交易习惯分析，从超越习惯的异常现象中发现风险。建模时商业银行可考虑行业、区域、个人、对手、产品、交易、时间、内容等不同维度，通过与政府、舆情、诉讼、财务、招聘、海关等多个数据库连接，建立数据关联、数据匹配等逻辑性分析模型。通过数据合成，相互佐证，搜集多维数据源，对异常交易、异常账户、异常习惯进行判断，依此实现精准授信、精确管理。

随着区块链等技术的不断完善，未来各种数据将真实透明，授信主体的资金流、物流及信息流清晰可见，通过数据分析商业银行可以实现信贷创新，做到准入精准化、审批自动化及风控模型化，更多地开发线上自助融资产品，实现对客户行为需求的把握。

在信贷决策方面，商业银行可超越依靠实践和失误积累经验的传统做法，通过人工智能学习积累经验，利用深度神经网络，在大数据分析结果的基础上，模拟人脑的机制来判断。同时，商业银行可将各项风险预警信号与事后违约结果进行关联度分析，在纷繁复杂的信号中找出与该行业违约事件强相关的指标，从而提高机器深度学习的效率，有效地提高事前资产准入审批的决策精度。

这样一来，银行可节省信贷业务中大量的人工与流程，业务效率和风控精度将大大提升，依赖抵质押担保的传统困境也将有所改善。

二、扩展业务服务范围，下沉既有客户结构

传统商业银行往往囿于经营成本和风险成本颇高，无法有效地满足中小微企业的金融资源供给。在“大众创业、万众创新”的时代背景下，监管层虽三令五申要求银行加大对中小微企业的支持力度，并给予差额准备金等优惠条件，但收效欠佳。

互联网时代，商业银行不断吸收信息技术创新发展，可有效降低运营成本，扩展服务半径：一方面，业务按照“线下为主”到“线上线下结合”再到“线上为主”的路径发展，为银行节约了大量的人力及物理网点成本，使银行经营模式逐步向轻型化转变；另一方面，以互联网为代表的新科技使传统银行的风控手段不断丰富，风控精度有所提高，使得银行在中小微企业业务方面获得盈利成为可能，有效地增加了在传统业务模式下被忽视的长尾客户的服务供给，促进了金融体系运作效率的提升。

银行在长期承担信用中介的过程中，积累了丰富而高质量的历史信息资源，且其掌握的数据一般是金融、财务、生产和市场类及信用违约等“强数据”，这类数据具有完整性、准确性、结构化和历史长度等优势，易于银行进行低成本的挖掘使用。银行具备风险甄别、风险定价、风险监测和风险处置等核心风险管理能力，通过与以互联网为代表的新科技有效融合，作为银行业务基石的借贷业务必将重新焕发勃勃生机！

第三节　P2P 网络借贷的兴起

借贷业务与互联网等新技术有效的融合不仅表现在传统商业银行业务领域，还深刻地体现在互联网科技公司涉足的网络借贷业务上。

网络借贷的含义比较广泛，通常是指借助互联网平台实现借贷双方的信息对接并完成金融活动的借贷模式，包括 P2P、互联网消费金融等多种形

态。从定义可以看到网络借贷包括以下三个关键点：第一是网络借贷以互联网渠道和平台为交易载体；第二是借贷双方的信息匹配通过互联网完成；第三是交易双方完成投融资活动，明确资金配置的跨期对价。

根据 2015 年 7 月 18 日中国人民银行等十部委联合印发的《关于促进互联网金融健康发展的指导意见》，网络借贷包括个体网络借贷（P2P）和网络小额贷款：（1）个体网络借贷（Peer to Peer Lending，以下简称 P2P）是指个体和个体之间通过互联网平台实现的直接借贷。在个体网络借贷平台上发生的直接借贷行为属于民间借贷范畴，受合同法、民法通则等法律法规以及最高人民法院相关司法解释规范；（2）网络小额贷款是指互联网企业通过其控制的小额贷款公司，利用互联网向客户提供的小额贷款。本章剩余章节的讨论重点主要放在 P2P 网络借贷上。

一、国内外 P2P 行业发展现状

自 2005 年 3 月英国第一家 P2P 网贷平台 Zopa 上线，美国、英国、中国等国家，蓬勃发展衍生出了各种形式、各种结构的 P2P 网络借贷。

（一）美国 P2P 的发展

不同于中国数以千计 P2P 平台的行业竞争格局，美国的 P2P 行业集中度非常之高。美国最著名的 P2P 借贷公司是“借贷俱乐部（Lending Club Corporation，以下简称 Lending Club）”和“繁荣市场（Prosper Marketplace Inc.，以下简称 Prosper）”。Lending Club 和 Prosper 两家巨头就占据了 96% 的市场份额，可以说是一个绝对的双寡头垄断市场。其中 Lending Club 一家的占有率即高达 70%。

Lending Club 的发展之路，基本就是美国 P2P 行业发展的缩影。Lending Club 的运营模式经历了三个阶段：信息中介模式（2007 年 6 月—12 月）、类银行模式（2008 年 1 月—3 月）、资产证券化模式（2008 年 10 月至今）。

信息中介模式（2007 年 6 月—12 月）：Lending Club 创始人拉普兰切（Laplanche）原是甲骨文公司（Oracle）的一名员工，创建 Lending Club 的想法源于他某日细心阅读了银行账单，发现信用卡透支利率是17%，而同期银行存单利率只有0.5%。他很苦恼，自己信用良好，为何信用卡透支利率还会如此之高？这让拉普兰切意识到，信用卡发卡行并不会对个人风险进行差别化定价，而是对所有持卡人实行“一刀切”的利率，信用好的客户可能要为信用较差的客户“买单”。如果能对客户信用进行区分，信用良好的人就能获得较低的贷款利率，而这解决的将不仅仅是拉普兰切个人的烦恼。出于改变自身状况以及为他人提供借贷平台的考虑，拉普兰切将创业计划告诉了同事兼朋友苏海德(Soul Htite)。不久，Lending Club成立，以信息中介模式进行公司运营，开展P2P借贷服务。

在信息中介模式下，Lending Club主要承担了评估借款人进行风险差别定价、撮合借贷交易两大主要责任。建立风险差别定价，主要是通过对借贷人资质建立审查和评分机制，通过了解借贷人基本信息、FICO信用评分、信用报告等信息，建立综合评分卡，将贷款分为A、B、C、D、E、F、G总共7个等级，每个等级下面又划分为5个子等级。在此基础上，Lending Club根据期限和风险定价，建立标准产品，例如3年期或5年期、额度为1 000—35 000美元的标准化产品，利率设定则根据贷款等级和期限不同而变化，总体在6%—25%之间浮动。平台发布借款人的贷款信息，投资会员认购借款会员的贷款需求后，借款会员向Lending Club签发贷款本票。随后，Lending Club向借款会员发放相应金额的贷款，并将借款会员签发的贷款本票转让给相应的投资会员。在此过程当中，Lending Club作为借贷双方沟通的桥梁，充当了贷款本票的中介转让方，并为贷款提供后续服务，不承担贷款风险。每笔交易成功后，Lending Club向借贷双方收取费用，向借款人收取贷款总额的1%—5%不等的比例费用，具体视贷款等级和期限而定，向贷款人收取借款人偿还总额的1%作为服务费。如果借款人逾期还款，需要向Lending Club支付滞纳金，保障贷款人权利不受侵害。Lending Club正式运营半年后，贷款量迅速增长至420万美元。

类银行模式(2008年1月—3月)：在信息中介模式之下，借款会员贷款需求认购成功并且借款人签发贷款本票之后，Lending Club先向借款会员发放贷款，再转让给投资会员。基于互联网的Lending Club的借款会员可能会遍及全美国，按照美国的监管规定，Lending Club 需要取得各州的贷款执照，并确保每笔贷款的利率低于各个州的利率上限。这极大地限制了 Lending Club 以统一标准向全国各州扩展业务。

为了保护借款人，美国各州对贷款分别设定了最高利率，而且各州的最高利率并不统一。随着美国利率市场化进程的发展，《1980 年存款机构解除管制与货币控制法案》规定，由美国联邦存款保险公司（Federal Deposit Insurance Corporation，FDIC）提供存款保险的银行可以将贷款最高利率选定为贷款发生州的最高利率或该银行所在州的最高利率。

自诞生之日起，Lending Club 便注定要“戴着锁链跳舞”。然而，思变则通。由于犹他州并未对贷款利率设定上限，Web Bank 作为一家在犹他州注册并有 FDIC 承保的州立银行，可以向全国各州进行利率无上限的贷款。且 Web Bank 属于产业贷款银行，可以由非银行类公司所拥有，这样母公司就可以借用它的银行牌照，向客户提供金融服务。2008 年 1 月，Lending Club 与 Web Bank 签订合作协议，转为类银行模式。这一合作的目的除了租用 Web Bank 的银行牌照，免去向各州申请贷款执照这一需求之外，还可成功地避开各州的利率上限限制。

在类银行模式下，当投资会员成功认购借款会员的贷款需求后，借款会员不再向 Lending Club 而是向 Web Bank 签发贷款本票。随后，Web Bank 向借款会员发放相应金额的贷款，并将借款会员签发的贷款本票以无追索权的方式平价转让给 Lending Club，即时收回发放出去的贷款资金。Lending Club 在获得转让后的贷款本票后，再将该本票转让给认购的投资会员。

不同于信息中介模式，Lending Club 在类银行模式下不再成为直接的借款方出现在会计记录上，这一角色由 Web Bank 担任。但 Lending Club 在实际意义上所提供的服务与信息中介模式下并无区别，依然是贷款本票的中介转让方并为贷款提供后续服务。

资产证券化模式（2008 年 10 月至今）：在类银行模式运营不到 3 个月时，美国监管部门又有了新动作。2008 年 3 月，美国证券交易委员会（SEC）宣布贷款本票为证券性质，Lending Club 需重新申请注册以获得合法的运营资格。2008 年 4 月,Lending Club 向 SEC 提交注册登记,并主动邀请监管部门进行审查,最终获 SEC 批准转变为资产证券化模式,于 2008 年 10 月 14 日重新对外开放。

在资产证券化模式下,贷款仍由 Web Bank 发放,Web Bank 将贷款以债券的形式卖给 Lending Club,投资人购买 Lending Club 发行的“会员偿付支持债券”,并不是将钱直接投给借贷者。投资人成为 Lending Club 的无担保债权人,与借款人之间并不存在直接的债权债务关系,收益完全取决于所投资债券下的所有贷款的表现。

这个资产证券化的过程,有助于提高流动性,同时通过风险分散的大数规则,也让投资人的风险得到一定程度的控制。Lending Club 还与 FOLIOfn Investments 合作提供该债权的转让交易平台。如果债权下贷款出现逾期等行为,债权人可选择将债权打折出让。

2014 年 Lending Club 成功完成 50 亿美元的放贷量,向出借人支付了将近 5 亿美元的利息,并且成功登陆纳斯达克,成为当年最大的科技股 IPO。

在没有任何经验可供效仿的前提下,Lending Club 的实践成为行业的启蒙者。凭借对监管政策以及公司运营的精准把握,Lending Club 走出了一条切合时代需求的创新之路。随着业务模式的不断转型和监管机构的不断介入,Lending Club 也逐渐从简单的社交应用转变成了“类金融机构”。

2016 年 5 月 9 日,正当 Lending Club 业务蒸蒸日上之时,内部突传丑闻,Lending Club 宣布其联合创始人兼 CEO 拉普兰切及三位高管辞职。原因是在公司近期的内部评估中发现,有两笔总额 2 200 万美元的贷款在内部人员知情的情况下,违规出售给了不符合规定的投资者。此举背离了平台的信息透明、评估公允、投资者适当性的基本准则,打破了长期建立起来的投资者的信任。事件发生后,Lending Club 股价应声下跌,市值从上市时的 100 亿美元跌至 18 亿美元,缩水 82%。此后,为弥补声誉损失,Lending Club 以标准价格回购了这部分贷款,并且将其出售给其他合规的投资者,还提出了包括增加数据变化的测试、增加合规性和资源的监督、创建一个更好的风险管理结构、加大对员工行为准则和道德规范的培训等一系列改进措施。

创新是在探索中前进,由于制度的不完善,会碰到许多前所未有的问题。Lending Club 内部出现违规出售贷款,是其在发展过程中盈利冲动和风险管理失衡的体现。一个企业或行业从兴起到成熟必然会经历快速扩张、回撤萎缩、最终趋于平衡的过程。

(二) 英国 P2P 的发展

2005 年 3 月,全球第一家 P2P 网贷平台 Zopa 在英国伦敦上线,开启了 P2P 行业的先河。此后,英国 P2P 网贷规模不断扩张、快速增长。2015 年英国通过 P2P 网络借贷平台为小企业和消费者提供的贷款超过 24 亿英镑,其中商业贷款 14.9 亿英镑,同比增长 99%;个人消费贷款 9.09 亿英镑,同比增长 66%。加上 3 亿英镑的 P2P 票据融资规模,2015 年英国 P2P 网络借贷总额为 27 亿英镑,占全部替代金融总额的 86%。与美国相似,英国的 P2P 行业集中度也很高。英国最大的三家网贷平台(Zopa、Funding Circle、Rate Setter)交易金额之和约占据了市场份额的 70%。但这三家公司的业务发展侧重略有不同,Zopa 和 RateSetter 都是典型的 P2P 模式,借款者主要是社会公众;Funding Circle 则是 P2B 模式,以为中小企业提供融资为主。

与美国 Lending Club 的资产证券化模式不同,英国 P2P 网络借贷采用客户独立账户的模式。在这种模式中,贷款人通过 P2P 借贷平台和借款人匹配,贷款人和借款人之间直接签订合同,P2P 借贷平台很少参与。贷款人和借款人的全部资金都通过法律上独立于平台的客户账户运行,平台提供收取贷款并对借款人的信用进行初步评估的服务。

以 Zopa 的运营机制为例。Zopa 上的借款主要为个人消费借贷,其最多的借款用途为买车、还信用卡及改善生活条件,均为信用贷款。Zopa 与信用评级公司 Equifax 合作,对借款人进行评级。借款人输入个人信息、借款金额、期限等,测算可借款的额度及贷款利率。贷款利率是由 Zopa 根据相应风险等级借款人在平台内的当日资金交易状况以及成功撮合的借贷利率分布水平,并且加上服务费和存入 Safeguard(Zopa 的风险准备金)的保证金得出。平台上提供几种期限(例如 5 年期或 3 年期)的出借方式供借款人和投资人选择。投资人最低出借金额为 10 英镑,不设最高额度限制。投资者选择出借期限后,平台将通过跟踪利率自动选择一篮子的贷款项目给投资者，而不是由投资者自己选择利率和风险类型出借资金。平台将投资者的资金分散化、小额化，在默认模式下，Zopa 会自动将 2 000 英镑以下投资者的资金分成若干组 10 英镑借给借款者，如果投资者金额超过 2 000 英镑，则资金至少会借给 200 人。在分散化出借贷款时，由数据专家跟踪借贷市场收集银行所能给出的最优惠利率，确保投资者通过平台上出借的利率至少比银行给出的平均储蓄利率高 1%。Zopa 以向投资者与借款者收取服务费作为主要盈利手段。

英国政府十分重视 P2P 网络借贷等替代性金融发展，鼓励其成为个人、小微企业融资的重要渠道。为保证英国 P2P 网贷行业的规范发展，在监管方面主要分为政府监管和行业自律两类。P2P 网贷行业的政府监管是受英国金融行为监管局（Financial Conduct Authority，FCA）进行管理。为获得公众信任，英国的 P2P 行业于 2011 年 8 月主动成立了 P2P 金融协会（Peer-to-Peer Finance Association，P2PFA），实施行业自律管理。在成立之初就对协会会员平台运营出台了十项法规，包括最低运营资本、客户资金隔离、信用风险管理等，有效地促进了 P2P 行业的规范发展。

（三）我国 P2P 的发展历史

2007 年拍拍贷的成立，标志着 P2P 开始进入中国。不过一直到 2013 年余额宝的出现，才让互联网金融家喻户晓，于是 P2P 也借着这股东风开始了全面发展。总体来说，P2P 行业在中国的发展历程大致可以分为三个阶段，即起步期、爆发期、调整期：

起步期（2007—2011 年）：拍拍贷、红岭创投、人人贷等平台相继出现。发展初期，这些平台基本上是借鉴国外 P2P 平台的模式，以信用借款为主。但是我国征信体系比较落后，同时平台之间数据还未完全共享，投资者、借款人、金融资本都未对这种新型的金融模式在中国的发展有充分的信心。同时由于股市泡沫的破裂，纯平台、无担保的投资模式对于投资理念相对保守的中国人来说毫无吸引力。截至 2011 年年底，全国网贷平台仅有约 50 家，其中活跃的平台不足 10 家。月成交金额约为 5 亿元，有效投资人约有 1 万人。投资金额与投资人数几乎可以忽略不计。

爆发期(2012—2013 年)：这一阶段的 P2P 平台数量呈井喷式增长。在两年内,P2P 平台从 2012 下半年开始几乎以 300%的速度爆发式增长,到了 2013 年年底 P2P 平台达到 800 家。在此期间,余额宝的出现更是对 P2P 的爆发式发展起到了强大的助推作用。截至 2013 年年底,P2P 行业的网贷成交量从 2012 年的 212 亿元增长到 1 000 亿元,达到了接近 500%成交量的飞跃,同时,活跃投资人也增长到约为 9 万—13 万人。管中窥豹,这足以见得,整个 P2P 行业发展在中国发展非常火爆。

调整期(2014 年至今)：这一阶段的 P2P 行业大受风投青睐。仅在 2014 年,就有 30 多家 P2P 平台获得风投融资,金额大多在数千万元级别,其中不乏亿元级别的融资。大量风投的进入在某种程度上表明了资本市场对 P2P 行业的认可。不过,在 P2P 平台数量激增的同时,"跑路"、诈骗平台也在浮出水面,仅在 2014 年就有 283 家平台出现问题。鉴于此,监管机构也加速了对 P2P 行业的规范进程。

2014 年 4 月银监会出台了 P2P 行业的四条红线,即明确平台的中介性质,不得提供担保,不得建立资金池,不得非法吸收公众资金。这对于 P2P 行业的规范发展具有重要意义,平台为自身提供担保的模式被直接禁止,借贷风险大大降低。7 月中国人民银行的《互联网金融指导意见》、9 月 P2P 监管的十大原则的相继出台,说明监管当局已经开始有步骤、有计划地开展 P2P 网贷的监管。

在国务院的督促下,2015 年 7 月,中国人民银行等十部委联合出台了《促进互联网金融健康发展的指导意见》,P2P 监管的框架明确清晰。同年 8 月,最高人民法院出台的《关于审理民间借贷案件适用法律若干问题的规定》,也对 P2P 网络借贷过程的相关法律问题进行明确的解释。同年 12 月,银监会出台了《网络借贷信息中介机构业务活动管理暂行办法(征求意见稿)》,规定了网络借贷机制及相关的责任与操作规则,一系列监管规定的出台,标志着 P2P 网络借贷行业理性生存时代的到来,呈现出行业"适者生存、优胜劣汰"的局面。经过近一年的征求意见,2016 年 8 月《网络借贷信息中介机构业务活动管理暂行办法》正式落地,也标志着 P2P 行业正式进入有法可依的规范发展道路。根据办法规定:"同一自然人在同一网络借贷信息中介机构平台的借款余额上限不超过人民币20万元；同一法人或其他组织在同一网络借贷信息中介机构平台的借款余额上限不超过人民币100万元；同一自然人在不同网络借贷信息中介机构平台借款总余额不超过人民币100万元；同一法人或其他组织在不同网络借贷信息中介机构平台借款总余额不超过人民币500万元。”

2016年10月13日，国务院办公厅颁布了《关于印发互联网金融风险专项整治工作实施方案的通知》，在全国范围内开展了互联网金融专项整治工作，国务院十七部委共同参与其中。与此同时，“一行三会”也出台了细分行业专项整治方案，其中对P2P网络借贷整治重点如下：禁止网贷平台设立资金池、自融、向出借人提供担保或者承诺保本保息、大规模线下营销、误导性宣传、虚构借款人及标的、发放贷款、期限拆分、发售银行理财和券商资管等产品、违规债权转让、参与高风险证券市场融资或利用类HOMS等系统从事股票市场场外配资行为、从事股权众筹或实物众筹等。

由此可见，P2P网贷平台已正式纳入监管范畴。

二、与传统借贷业务殊途同归

P2P属于民间借贷进化形式，其本质是“互联网+民间借贷”，P2P借贷平台是民间借贷的信息化，是在民间借贷的基础上与互联网虚拟借贷平台相融合而生成的一种新事物，并呈现出新的特点与优势。

P2P网络借贷扩大了传统民间借贷的服务范围，拓宽了微小群体的融资渠道，同时弥补了传统银行业务门槛高、流程烦琐的不足之处。民众传统的投资渠道非常有限，非常大的一部分资金都集中在银行，然而传统的银行往往会“嫌贫爱富”，致使有限的资源大都集中于大企业、大客户和中高端零售客户。因此，众多微小群体的筹资业务就形成了长长的业务尾部。P2P借贷平台的出现，弥补了这一业务空缺，使得资金疏导到最需要资金的微小群体，实现了资金市场的有效配置。同时P2P借助于互联网技术，将借贷业务从传统的手工劳动中解脱出来，大大提高了工作效率，也降低了业务交易成本。

P2P不是互联网与民间借贷的简单相加，而是对资源的一种重新整合，是一种低成本的融资方式。P2P 借贷平台作为一种小额信贷的新模式,与传统信贷模式相比,大部分无需担保抵押、审批速度快、交易手续简单。这些特点有效地降低了交易成本,但也使交易的完成更加依赖于借款人的信用。中小企业贷款信息少、管理成本高、违约风险高使得传统银行金融机构通常不愿意把贷款批给这些中小企业,或者只愿意以较高的利率提供贷款,而 P2P 平台不需要借助中介,能向中小企业提供更低利率的贷款。

P2P 的出现打破了我国传统的金融体系,提高了小微企业和普通金融服务效率,有效地降低了交易成本,被视为推动普惠金融的重要途径,因而得到了国家的大力支持。在支持国家实体经济发展的道路上,P2P 网络借贷与传统银行借贷业务殊途同归:

(一)引导民间借贷"地上化"与"阳光化"

民间借贷是游离于正规金融之外的一种信用行为,泛指存在于民间的企业、个人之间为解决资金需求而发生的资金借贷行为。民间借贷作为一种经济现象,具有灵活、快捷、简便等优势,在正规金融服务空间收缩的欠发达地区特别是农村地区较为活跃,有一定的市场份额和生存空间。但是,由于缺乏相关法规和制度的规范、约束,民间借贷中的"高利贷""高息集资"现象,冲击了经济金融发展的正常秩序,存在着较大的隐形风险和危害。中国民间金融市场规模近几年持续扩大,2015 年已超过 5 万亿元,但随之而来的是非法集资案件的爆发式增长,案件数量、涉案金额、参与人数均持续放大化。其中集资人数超千人的案件共 145 起,同比增长 314.28%;涉案资金总量超亿元的有 364 起,同比增长 271.42%。而 P2P 网络借贷不仅是民间借贷的简单互联网化,还重塑了借贷关系与商业模式,在合理发挥民间资本作用的同时,又能引导民间金融"地上化"与"阳光化",对解决非法集资问题具有积极意义。

(二)传统金融体系的有益补充

作为传统金融的创新与延伸,网络借贷将互联网思维与信贷市场运作体系有机融合,并依托于"大众创业、万众创新"的宏观环境,既有效地拓宽了小微企业的融资渠道，又深度契合投资理财的差异化需求，具备传统金融难以实现的功能与优势。对于融资方，网络借贷模式能大幅降低融资成本、提升资金配置效率；对于投资者，网络借贷模式能提高投资收益、满足客户差异化需求。并且得益于普惠金融性，P2P 平台的服务范围延伸到传统金融行业未能涉及的群体，包括小微企业、学生、工薪阶层等。在推进小额信用借款与投资理财大众化的同时，P2P 网贷可以充分调动社会闲散资金，有效拓宽投资理财渠道，是传统金融体系的有益补充。

三、现阶段行业发展瓶颈

在 P2P 网络借贷行业发展初期，因金融抑制导致普惠金融供给不足，互联网金融凭借开放、高效的特点，迅速填补了市场空白，呈现高速发展之势。但因行业进入门槛较低且监管滞后，行业参与者良莠不齐，有些甚至打着“金融创新”的幌子进行非法集资、金融诈骗等违法犯罪活动，对行业声誉造成了较大负面影响。现阶段行业存在的问题主要有以下几点：

（一）准入标准仍缺失

我国实行“一行三会”金融分业监管体系，中国人民银行负责制定和执行货币政策，防范和化解金融风险，维护金融稳定；银监会、证监会、保监会分别负责银行业、证券业、保险业的专门监管。网络借贷虽在本质上提供的是金融服务，但是在其发展之初，没有明确的监管主体。P2P 行业未得到有效的监管，行业进入门槛低，行业标准缺失，整体行业的资质水平、风险管控水平参差不齐、鱼龙混杂。金融服务的核心竞争力是风险管理，许多 P2P 平台风险管控意识薄弱，管控手段缺失，造成平台经营出现困难。自 2013 年以来，P2P“跑路”现象频出。截至 2015 年 12 月国内共有 1 302 家 P2P 平台“死亡”，668 家“跑路”，涉及金额巨大，其中一家“跑路”公司金额高达 46 亿人民币。如此惊人的“跑路率”，加之互联网平台带来的金融风险的快速传播特性，不仅给广大投资者带来巨额损失，严重影响了金融系统与社会经济的稳定，也极大地破坏了 P2P 网贷平台的整体行业形象。

（二）信息透明度较低

英国、美国的 P2P 网贷平台作为网络融资的撮合平台，主要提供了借款人风险评级和交易撮合的服务。借款人的风险评级主要通过了解借款的征信信息进行评估。国内建立个人征信体系起步较晚，外部评级发展滞后，P2P 网贷公司接入个人征信获取相关的征信信息存在一定障碍，获取借款人的信用信息识别贷款欺诈等手段缺乏，信息透明度非常低，难以对投资人进行准确的风险评估，增加了 P2P 平台对借款人贷前审核的成本。

同时，由于缺少行业规范及监督，鲜有网贷平台主动向投资人披露平台运营情况、网款平台贷款违约的真实情况，平台投资人进而无从了解网贷平台的资质与风控水平，无从辨别 P2P 平台的优劣。“劣币驱逐良币”的逆向选择，阻碍了 P2P 网贷行业的良性发展。P2P 投资人仅能通过平台的各种“宣传”了解平台，易被某些打着“金融创新”的幌子进行非法集资、金融诈骗等的犯罪分子所利用，遭受经济损失。

（三）信息安全性不足

网络借贷有别于传统的信贷，整个交易的完成和管理均在网上实现。这对平台的信息系统建设提出了很高的要求，需要前期投入大量的资源。许多企业为快速上量，前期在信息系统建设上投入不足，系统安全性考虑较少，信息安全管理薄弱。据统计，仅 2014 年至 2015 年 8 月底，国内就有超过 150 家 P2P 平台企业曾遭受黑客攻击，致使平台的客户信息泄露、关键数据被修改、系统短时间崩溃等，进而导致相关损失过亿元。网贷平台遭受黑客攻击事件频发，直接影响到平台投资者对网贷行业的安全感与信任度，部分投资者甚至不敢再利用 P2P 网络借贷进行投资。P2P 平台近几年快速发展，但互联网技术人才缺乏，进一步加大了网贷公司的信息技术能力发展跟不上业务规模增长的差距，潜在安全漏洞增多、平台应急反应机制欠缺，又进一步加剧了平台遭遇黑客攻击的可能性，进而引发一系列的系统安全问题，导致经济损失和平台客户流失。如果黑客成功攻击 P2P 平台网站，必然会导致投融资双方信息泄露，既对个人隐私带来威胁，还造成 P2P 平台的品牌形象受损，对该 P2P 平台自身及整个行业均产生负面影响。

（四）互联网金融人才较稀缺

从 P2P 平台角度来看，优质的互联网金融人才是不可或缺的核心竞争力，能有效地减少经营风险，并且是其他平台竞争者难以效仿的。然而，人才的不足与流失则会致使平台竞争优势欠缺，而且会导致互联网金融产品设计不科学、风控水平不达标，进而导致 P2P 平台的被动“跑路”。根据 2017 年 1 月 13 日上海金融系统人才工作会议发布的《上海金融领域“十三五”人才发展规划》，互联网金融领域人才被列为“极度紧缺”。目录编制说明特别指出：“互联网使金融业态发生巨大变化，催生了大量依托互联网提供金融服务的行业，如移动支付、网络征信、网络借贷、网络保险、网络信托、网络基金等，作为新生事物这些行业发展迅速，迫切需要善创新、懂技术、能跨界的金融紧缺人才。”

（五）盈利模式待检验

得益于国家宏观环境、小微企业融资需求、互联网思维与技术等多方利好，网络借贷行业呈现蓬勃发展态势，但与传统银行业相比，P2P 行业成熟度还有待提高，平台企业内部还未建立健全运作与风控机制，金融产品定价、项目收费标准等方面还需积极探索。根据江苏省互联网金融协会对全国 300 家网络借贷平台盈利模式的抽样调查，实现盈利需首先做到约 5.76 亿元的融资总额，而 2015 年 10 月处于该保本点之上的平台只有 151 家，可见网贷行业尚处于大面积亏损阶段。网络借贷企业的盈利是有条件的，即当成交规模超过特定保本点之后，才能收回前期的巨额投资、实现平台企业盈利。更为深入地看，我国平台企业多但规模小，经营管理能力弱，缺少政策引导与规范，项目收费标准不科学。因此，目前我国平台企业的盈利模式无法保证其持续健康发展，进而引发了频繁“跑路”现象。

第四节 P2P网络借贷的风险管理探索

P2P网络借贷在中国十年的运行，形成了独特的风险管理体系，是互联网与金融融合在金融融资服务场景中的最早实践。下面笔者将从信用风险管理、资金风险管理、运营风险管理、信息安全风险管理和法律风险五个方面，介绍我国目前P2P网络借贷的风险管理实践与探索。

一、以征信、大数据为基石

有别于传统金融机构的个人借贷，P2P网络借贷公司的信用风险管理环境较为恶劣，主要集中体现在以下几个方面：

（1）征信面临瓶颈。在监管机构和社会信用体系缺失的情况下，国内网贷平台既未接轨人民银行的征信体系，又缺乏完备的风险识别机制，所以对融资方资质与风险水平的评估审查并不能完全依赖于P2P平台的自有审核机制，我国P2P平台还基本上依靠行业自律对融资方进行审核。此外，国内专业的网络借贷平台评级机制十分缺乏，尚未形成包含运营模式、安全性、交叉认证等多维度的评级体系。

虽然国家于2015年正式开放了民间个人征信市场，参与试点的8家机构分别是：芝麻信用、腾讯征信、深证前海征信、鹏元征信、中诚信征信、中智诚征信、拉卡拉信用、北京华道征信。但是两年过去了，征信企业的努力迟迟未得到监管的认可，征信体系的建设之路坎坷。作为提供社会征信的企业，其独立性和公正性是基本的原则。目前监管对试点的8家企业主要质疑点也在于此。8家企业的控股母公司大部分都已有或准备开展金融信贷业务，既当裁判员，又当运动员，其独立性有待考量。

（2）大数据审贷有待检验。我国的大数据审贷多数参照美国的FICO模式评分，但我国的小额信贷由于制度、文化和环境与美国的差异，有一定的特殊性，P2P网络借贷平台的大数据审贷模型能否经受住经济周期的考验，需要时间进行反馈、修正和验证。

（3）贷后管理挑战巨大。多数 P2P 平台并没有线下贷后管理队伍。当平台出台逾期后，多数采用电话催收的方式，但是电话催收对恶意借款人的作用收效甚微。贷后管理成本高昂，逾期催收多数有心无力。

（4）平台资产流通性差，市场退出机制缺失。P2P 借贷平台的资产，一般没有二级市场，或仅能在本平台进行二级市场流通。一旦投资人有临时资金需求，或出现资产逾期等情况，投资人只能持有到期，不能通过低价转让或其他退出机制降低风险损失。

P2P 网络借贷平台最根本的风险管理措施应是建立适合 P2P 网络借贷特色的投资者适当性管理体系。针对上述痛点，P2P 网络借贷平台可结合新型的金融科技，从以下几个方面进行尝试和突破：

（1）通过积极参与征信体系建设，享受共享征信红利，建立反欺诈模型，全面了解借款人信息。

征信体系建设是现代金融的发展基石，P2P 网贷平台的发展更是迫切需要征信体系在互联网上进行信息共享。依托于欧美完善的社会征信环境，其 P2P 网贷模式得以生存并平稳成长，而我国的社会征信体系尚不健全。P2P 网贷平台加入征信体系建设可以从两个方向进行努力，一是积极与监管沟通，推动互联网金融全面纳入人民银行征信体系，实现信息的共享；二是参与商业征信的发展。参与商业征信系统的建设，如中国支付清算协会互联网金融风险信息共享系统、上海资信的网络金融征信系统，共享网贷信息，降低信贷风险。或与独立第三方征信机构合作，获得更大范围的个人征信信息作为贷款评级基础，并不断加强和扩充数据的广度、深度，研发大数据分析体系，建立借款人还款能力评价模型系统。

基于目前我国的个人信用体系覆盖率低，数据及评分系统不健全，个人信贷的欺诈率相当高，P2P 平台在建立个人征信评分模型时，首要考虑欺诈识别，将欺诈评分纳入征信的评分要素中。P2P 的网络借贷平台没有物理的网点，无法做到与客户面对面审核。要解决这一痛点，P2P 网络借贷平台需要充分发挥科技创新的力量。通过将“人脸识别”“视频面签”等科技创新应用到传统的身份识别、欺诈判别上，使得远程开户、远程审核成为可能，使得互联网企业可以跨越地域、实体网点的限制，对客户进行身份识别。甚至可以通过摄像头对“微表情”的抓取，判断借款人是否存在欺诈的嫌疑。但另一方面，科技创新技术的使用，虽然提高了业务发展效率，但是新技术的科技安全风险也越来越突出，所以在科技风险防范上，P2P网络借贷平台需要投入更多的资源进行管理和提升。

（2）探索全方位的大数据风控，将大数据模型应用到风控的各个环节。

大数据风控的应用是P2P网络借贷与传统金融风控区别的主要特征。但P2P网络借贷平台，不应只依赖于大数据风控，而应与传统行之有效的风控手段相结合，相互佐证，充分发挥大数据风控的优势，降低风险。在建立大数据风控模型的过程中，P2P网络借贷平台应首先考量大数据风控模型的实施基础是否具备，主要包括：1. 大数据的数据源信息的充足度及有效性。建立大数据模型需要采集大量的数据对模型进行训练及验证，如果可供模型训练的数据不充足、样本不典型，将直接影响大数据模型的效果。2. 层出不穷的欺诈行为，不断考验大数据模型的有效性。大数据模型在建立之初有效性比较高，但是随着新的欺诈场景的出现，现有的模型难以识别，这将大大降低模型有效性。P2P网络借贷平台需要不断重新训练模型，因为模型的更新有滞后性。3. 大数据风控模型有效性验证需要较长时间（至少需要经历一个经济周期）的数据积累和模拟。

大数据模型可在风控的各个环节应用。如深入地了解借款人，可将大数据模型应用在借款人还款能力的画像、反洗钱、反欺诈领域。将大数据模型应用到投资人风险承受能力画像，则可以实现对投资人的深入了解。将大数据模型建立在风险评分上，则可实现自动贷款审批等。

一般大数据的来源主要包括四个方面：一是用户填写的数据信息，包括基本信息（性别、年龄、职业、收入状况等）、交易信息（申请贷款的期限、利息、金额等）；二是用户在平台交易过程中的行为数据，包括资料的更改、选填资料的顺序、填写的时间长短、申请使用的设备等等；三是用户在平台上的历史交易信息积累，包括交易频率，交易时长、交易速度、借还款情况等；四是第三方数据，包括来自政府、公用事业单位、银行、法院、电商、互联网应用上留存的信息。所有的数据信息均可充分进行挖掘，并作为模型参数进行分析，多维度地展示客户的特征。

（3）掌握风险定价的核心竞争力。随着 P2P 网贷进入规则时代的理性发展期和竞争的日趋激烈，P2P 网络借贷平台依靠制度套利、非法套利和垄断套利的机会将逐步消失，依靠自身的比较优势并形成差异化的风险定价能力是未来的核心竞争力。

英国 Zopa 公司通过信息技术创新产品，利用大数分散的组合资产配置金融逻辑，实现风险降低。通过“贷款计算器”的算法，建立市场交易下的风险定价机制。在 Zopa 公司的运营模式中，他们将投资人的资金分成若干份 10 英镑借出，如果投资者金额为 2 000 英镑的话，那么他的钱可能会被分到 200 个不同借款者手中，实现大数规则下的风险分散。这个模式只能在互联网平台上，存在大量的借款需求以及大量的投资者的场景下才能实现，在传统的金融机构模式下则难以实现。Zopa 建立了自己独特的风险定价机制，对借款者的利率均是“量身定做”，通过大数据算法得出，其根据是借款人的信用状况、借款金额、借款期限，以及目前市场的同等类型的成交价格。

Zopa 的风险定价基础是使用统一的征信分数。在我国，P2P 平台公司不允许接入征信系统，多数 P2P 公司并不具备长期的借贷数据来建立精准有效的风险评分体系。但是 P2P 平台可建立与多家征信分数挂钩的风险评分映射体系。例如，对同一借款人收集三家独立的征信公司的信用评分，设立综合映射规则，建立平台的风险评分逻辑。将映射结果与逻辑信息披露给借款人，与借款人的风险承受能力相匹配，实现“将合适的产品卖给合适的人”的适当性销售。在平台的交易过程中，不断地收集客户还款信息，与相关评级机构的评分进行对比验证，调校映射规则，逐步形成平台的风险评分核心模型体系。

（4）贷后管理标准化。P2P 网贷不同于传统线下借贷，一旦贷后管理不到位，投资人的本息安全将受到影响，P2P 网络借贷的风险的传播性快、传染性强、危害性大等特性立刻显现。所以，P2P 网络借贷平台应当将贷后管理标准化，形成决策树流程管理，一旦出现问题立即按决策流程标准化处理，以最快的速度处理发生的风险。

（5）降低成本。由于平台企业的收入来源较为单一，多样化的成本支出才是解决盈利困境的关键所在，其中人力成本、平台构建等均在不同程度上是为风控体系服务的，垫付成本更是与风控水平有着直接关系。受限于国内征信环境的缺失，P2P 平台在风控体系建设方面投入了大量成本。因此，平台企业盈利模式的优化升级须以更为高效便捷的风控审核机制为前提，而依托大数据全流程审批将是平台未来削减成本的重要途径。大数据不仅仅是海量信息的集合，并且拥有极强的连贯属性，从而挖掘出各种客户特点、习性并以此得到融资者的信用情况，为贷前审核提供依据。大数据的存在将提高融资方的违约成本，进而监督融资方的资金使用与及时还款。更加重要的是，大数据是将各类零散信息进行汇聚并分析处理，因而具备高度的真实性与可靠性，能极大地提高小微企业融资过程的信息透明度，从而作出合理有据的决策。因此，大数据令流程审批在确保信用审核真实可靠的基础上，还能有效提高贷前审核的便利性、高效性，从而实现平台风控成本的大幅削减。

二、以资金托管为防火墙

P2P 公司自己的资金与客户的资金隔离，并实施有效的托管，是避免 P2P 公司“卷款跑路”的有效手段。目前 P2P 网络借贷平台的客户资金管理，主要有以下资金管理模式：

(1) 网关模式。投资人的资金直接打到平台控制账户(通常是银行账户)。这种模式使客户和平台面临的风险都极大，且不符合监管要求。

(2) 通道模式(存管模式)。资金存管是指 P2P 网贷平台将客户资金或平台风险备用金等存放在第三方机构的账户上，如银行账户或第三方支付机构账户。在此种模式下，第三方机构并无义务监督资金流向，平台可以随时提取这些存放在第三方账户的资金。投资人的资金存放在第三方支付或银行的中间账户，该中间账户归平台所有。第三方不对账户的资金用途作出限制或管理。这种模式使客户和平台都有一定风险，但符合监管要求。

(3) 托管模式。资金托管是指 P2P 网络借贷平台全部借贷资金托管，投资人和借款人都须在银行开设个人账户，银行按照操作指令进行资金划转，平台完全没有接触借贷资金的可能，银行对资金账户进行监控，定期出具报告，以证实客户资金的明确去向及变动，并定期向公众公开余额。第三方机构对归集账户进行隔离，为所有用户开设二级账户，平台无法直接触碰借贷资金。这种模式使客户和平台面临的风险极小，也符合监管要求。

P2P 网络借贷平台为了规避资金管理风险，可以采用下面三种客户资金管理模式中的任一模式。

(1) 采用第三方支付过桥模式。在过桥模式中，第三方支付机构在银行开立交易资金专用账户，委托银行按照监管部门指导意见，对专用账户内的交易资金进行存管。第三方机构将平台项目信息、用户信息、交易信息及其他必要信息及时传递给银行，供银行进行信息记录及后续交易资金核验时使用，第三方机构还承担了市场开拓、技术辅助、服务定制、运营维护等任务。客户资金操作接口仍然是第三方支付接口，但是客户资金存放在银行专用账户中，而不是第三方支付机构账户。

(2) 银行存管模式。客户资金操作接口直接与银行系统对接，客户资金存放在银行专用账户。客户资金的划拨根据 P2P 平台指令操作，银行不对交易的真实性进行审查。招商银行与拍拍贷的资金存管合作，徽商银行与爱钱帮的资金存管合作就属于这种模式。

(3) 银行托管模式。客户资金操作接口直接与银行系统对接，客户资金存放在银行专用账户。客户资金的划拨根据 P2P 平台指令操作，银行对每笔交易的真实性进行审查。例如，民生银行与积木盒子的托管合作，采用独立隔离账户模式；招商银行与你我贷的托管合作，采用二级子账户，同卡进出模式；广发银行与宜人贷的托管合作，广发银行定期出具报告。

三、以运营风险管理为核心

目前 P2P 网络借贷平台在日常运营中，主要有以下运营风险：

(1) 平台制度不完善，操作不规范。目前，我国运营的 P2P 网络借贷平台超过 3 000 家，可谓鱼龙混杂、良莠不齐。不少 P2P 网络借贷平台运营由于个别或少数股东控制，管理制度非常不科学，信息极不透明，道德风险和操作风险极大。

(2) 合作机构的风险。有很大一部分 P2P 网络借贷平台与小贷、担保和信托等机构以增信为目的合作，甚至将风控完全依赖于合作的第三方机构，由此产生的风险不可小觑。比如，某家 P2P 网络借贷平台与河北融投担保集团有限公司合作，其项目来源于河北融投，河北融投对项目进行担保，但是河北融投出现巨额亏损，造成这家 P2P 网络借贷平台大量坏账。国内担保行业本身就是一个高风险行业，收益与风险严重不匹配。仅收取 2%—3%的担保费却要承担百分之百的风险，一旦担保的项目发生逾期，就要全额赔付。所以如果 P2P 网络借贷平台仅仅以担保公司的担保来作为控制风险的主要手段，其安全性堪忧。

（3）互联网文化与金融文化融合风险。P2P 网络借贷在我国刚刚起步，在我国超过 3 000 家的 P2P 网络借贷平台中，管理层多数分成两类，一类是来自互联网行业，另一类是来自传统金融行业。互联网行业崇尚"流量为王""生态规模""快速迭代""用户体验"的冒险性文化，金融行业崇尚"安全第一""严谨规范""有条不紊"的敬畏机械式文化。管理层之间的互联网文化与金融文化融合存在一定风险。

（4）政策风险。《促进互联网金融健康发展的指导意见》《P2P 网络借贷信息中介机构管理暂行办法》等监管法律法规的出台，使 P2P 网络借贷进入理性规则的发展时代，P2P 网络借贷平台的监管成本将极大提高，一些不合规的产品和业务将被逐出市场，因此 P2P 网络借贷平台的战略规划必须慎重考虑政策风险。

P2P 网络借贷平台运营风险的管理可以从以下几方面着手：

（1）制度为先，有制必遵，规则执行。P2P 网络借贷平台应采用现代化的科学的公司管理模式，制定好完善的管理制度与人事构架，业务流程严格按照制度规则执行，把管理风险、道德风险、操作风险降到最低程度。

（2）谨慎选择合作机构。P2P 网络借贷平台在没有充分的把握的情况下，尽量避免与小贷、担保和信托等机构合作，而应选择保险公司进行合作（项目保险、投资人保险），采用风险备付金或风险基金模式来替代机构合作增信。

（3）营造敬畏性创新文化。互联网金融的本质还是金融，P2P 网络借贷平台在我国虽然被定位为纯信息中介，但实际上履行的是对借款人进行信用分析、风险控制和保障投资人资产安全的金融信用中介的职能。所以，P2P 金融不可能像互联网一样试错，P2P 网络借贷平台首先要讲究稳健的金融文化，强调风险评估、风险定价和风险控制的重要性，在此基础上突出互联网“变”的本质，营造敬畏性创新文化，避免盲目扩展。

(4) 增强平台自身抗风险能力。P2P 网络借贷平台可以通过增加资本实力、加强风险管控、降低运营成本、产品创新等方式，提高平台核心竞争。

由于网贷平台盈利模式的局限性，前期利润无法弥补成本支出，迫使平台需要有足够的资本实力才能有生存发展的机会。网贷平台企业的高同质性，营运前期的推广成本、获客成本不断上涨，使 P2P 平台盈利的难度极大。P2P 网贷平台只有基于互联网技术与思维的充分应用，有机融合电子商务与网贷平台，明确自身定位、发展精准营销，才能实现推广成本的合理运用。只有打造差异化优势，才能在日趋激烈的竞争中保有实力，提升平台自身特色水平与核心竞争力。具体而言，首先，提高产品创新能力。产品创新是 P2P 平台不断发展的动力，满足了不同目标客户群的个性化需求，可以实现精准营销，避免盲目高额的推广成本，提高平台的竞争力。其次，大幅提高风险把控水平。坚持对特定行业的长期关注与服务，势必会加深对该领域的认知理解，提升市场信息收集与分析能力，从而有利于实施精准营销，探索出行之有效的风控体系。最后，积极寻找优质项目。在特定领域的持续发展，能加快 P2P 平台品牌与影响力的形成，从而有利于发现并获取优质项目。因此，做细行业领域、坚持垂直细分化发展，是 P2P 网贷行业繁荣发展的必由之路。

(5) 密切关注监管风向。P2P 网络借贷平台要深刻理解《促进互联网金融健康发展的指导意见》《P2P 网络借贷信息中介机构管理暂行办法》等相关监管规定来自查平台的各项管理与业务流程，如果存在违反或不规范之处应尽早整改。P2P 网络借贷平台还应密切关注监管风向，时刻关注新的监管细则的出台和修改，为自身的发展赢得更多的宝贵时间。

四、以信息安全管理为抓手

P2P 网络借贷平台主要依赖互联网技术提供金融服务，其技术的安全性、信息安全的管理尤为重要。目前 P2P 网络借贷平台主要存在以下三类信息安全风险：

（1）被动性攻击风险。被动性攻击风险主要来自外部的犯罪分子（比如黑客）的非法攻击，攻击具有明显的恶意目的。

（2）主动性风险。主动性风险是指 P2P 网络借贷平台自身缺乏信息安全意识或管理能力而导致的信息安全风险。比如，管理上的疏忽而导致的信息外泄或操作乌龙等。

（3）交易相关文档密存风险。该风险是指 P2P 网络借贷平台上的借贷双方身份、交易信息和交易合同的密保密存及灭失的风险。比如，E 租宝因涉嫌非法集资诈骗被查办后，将平台的非法电子交易信息和合同迅速删除，致使投资者的交易信息和合同全部灭失，出借人也无法获得出借的电子合同。公安机关为此专门开设了非法集资登记系统，就出借人在 E 租宝的投资情况进行登记。

P2P 网络借贷平台管理信息安全风险可以从以下方面着手：

（1）不断提高信息安全硬能力。P2P 网络借贷平台应不断提高自身应对风险的硬能力，特别是在信息安全的各种硬件、软件的投入和信息安全专业人才培养上要与自身的规模相匹配。

（2）不断提高信息安全软能力。P2P 网络借贷平台应不断提高信息安全软能力，采用成熟的信息安全架构，制定全面完善、执行有力的信息安全制度，不断提高全体工作成员，特别是信息安全敏感岗位人员的信息安全责任与意识。P2P 网络借贷平台还应制定相应的信息安全处理方案，当遇到有组织的“暴力”信息犯罪时，应及时向公安机构和行业组织寻求救援。

（3）采用安全可靠的身份识别及信息保全方案。P2P 网络借贷平台可以为借贷双方的交易合同提供数字签名并采用第三方多重加密保管。例如采用区块链技术，进行电子存证，可以确保电子合同等的公正性，避免信息被删除与篡改。区块链所建立的是一种去中心化的共识机制，这种共识机制结合了数字加密和博弈论，使得参与者在无任何外部强制约束的情况下自行形成相互牵制的可信环境。这种去中心化、去信任的区块链架构可以解决互联网与金融交易上的信用问题。这个本质的特征，可以应用在金融交易的许多环节，例如身份的鉴证、涉及多方交易的智能合约、档案的存证等等。目前区块链技术的应用在我国尚属于初探阶段，部分 P2P 网络借贷平台正在开展小范围的尝试。

五、以合法合规为操作底线

P2P 网络借贷平台在运行中要面对的另一个比较大的风险是法律风险，即在缺乏监管时容易发生自建资金池或自融的操作，从而导致非法集资风险。非法集资是指单位或者个人未依照法定程序经有关部门批准，以发行股票、债券、彩票、投资基金证券或者其他债权凭证的方式向社会公众筹集资金，并承诺在一定期限内以货币、实物以及其他方式向出资人还本付息或给予回报的行为。

我国《刑法》没有“非法集资罪”这一罪名，这是一种复合的违法行为。在《刑法》中非法集资根据主观态度、行为方式、危害结果等具体情况的不同，构成相应的罪名，其中第 176 条非法吸收公众存款罪及第 192 条集资诈骗罪为 P2P 平台较易触犯的法律条款。

举例来看一个 P2P 平台集资诈骗罪的案例。中宝投资 P2P 平台的控制人周辉利用平台便利，注册虚假发标人，向大量不特定对象吸收资金，吸收的资金用于购买汽车、奢侈品和珠宝首饰，属于挥霍，构成集资诈骗罪。

集资诈骗罪是指以非法占有为目的，在通常情况下，这种目的具体表现为将非法募集的资金的所有权转归自己所有，或任意挥霍，或携款潜逃。我国《刑法》规定犯集资诈骗罪，数额特别巨大或者情节特别严重的，处 10 年以上有期徒刑或者无期徒刑，并处 5 万元以上 50 万元以下罚金或者没收财产；数额特别巨大并且给国家和人民利益造成特别重大损失的，处无期徒刑或者死刑，并处没收财产。

我们来看一个 P2P 平台非法吸收公众存款的案例。融金所 P2P 平台向大量不特定对象以保本保高息的方式吸收资金，并形成资金池放贷模式，被深圳市经济犯罪侦查局查处。

非法吸收公众存款是指未经中国人民银行批准，向社会不特定对象吸收资金，出具凭证，承诺在一定期限内还本付息的活动。对于非法吸收或者

变相吸收公众存款的行为是否立案侦查,取决于是否涉嫌以下三种情形中的一种:

一是从非法吸收或者变相吸收公众存款的数额上来看,个人非法吸收或者变相吸收公众存款,数额在 20 万元以上的,单位非法吸收或者变相吸收公众存款,数额在 100 万元以上的。

二是从非法吸收或者变相吸收公众存款的户数上来看,个人非法吸收或者变相吸收公众存款 30 户以上的,单位非法吸收或者变相吸收公众存款 150 户以上的。

三是从造成的经济损失上来看,个人非法吸收或者变相吸收公众存款给存款人造成直接经济损失数额在 10 万元以上的,单位非法吸收或者变相吸收公众存款给存款人造成直接经济损失数额在 50 万元以上的。

因此,为了防范该风险,P2P 平台应坚决做到以下几点:

(1) 经营资金与投融双方资金分账管理。(2) 妥善处理好资金池问题,平台不接触借贷双方资金。沉淀资金池做到资金托管,点点对应;在途资金池做到资金托管,余额锁定;风险资金池做到资金托管,定期公布;平台避免归集资金池,以防后患。(3) 坚决避免自融。平台实际控制人和关联方直接在平台借款存在严重的操作风险和道德风险。(4) 杜绝虚假借款标。平台必须坚守道德底线,绝不发布虚假借款标。否则,轻则有非法吸收公众存款之嫌,重则有集资诈骗之嫌。

第五节　P2P 网络借贷行业的监管

一、国外 P2P 网络借贷监管的借鉴

(一) 美国

美国对 P2P 网络借贷的监管呈现多头、严格、证券化监管的特点。主要由证券与交易委员会(Securities and Exchange Commission,SEC)、联邦贸

易委员会(Federal Trade Commission,FTC)和消费者金融保护局(Customer Financial Protection Bureau,CFPB)等机构对P2P行业进行职能监管,其中SEC是监管核心。

SEC和州证券监管部门主要通过证券法律中信息披露要求来保护投资人,FDIC和各州监管机构则主要保护借款人,根据《多德-弗兰克华尔街改革与消费者保护法案》建立的CFPB主要从金融消费者保护角度开展必要保护。

注册准入机制:当P2P机构的运作模式形成证券销售时,需要向SEC注册,只有符合其相关标准的才能合法地进入P2P市场,并要受SEC监管。美国证券交易委员会(SEC)的注册要求设立的市场准入门槛很高,有效地阻止了那些没有出色运营模式的新参与者加入。通过了SEC注册的P2P平台在各个州开展借贷业务时仍要再次缴纳监管费用,且还会受到各州的证券监管部门不同程度上的业务限制。

信息披露要求:根据SEC的要求,P2P平台在登记注册成为证券经纪人之后,需要按照标准进行相应信息的披露,包括初次注册时的招股书、定期的(年度、季度)报表、重大事件等。同时,由于模式的特殊性,SEC还要求P2P平台每天在EDGAR(电子化数据收集、分析及检索系统)上传当日平台上列出的所有借款人信息资料,以便在出现违约时能有效追索。P2P平台披露的招股书、年报、季报及重大事件表格都要严格参照美国上市公司的披露标准,在招股书中须披露这个平台和投资说明的细节、平台财务状况和公司近期财务业绩的分析、对相关危险因素的分析、公司董事的信息以及相关交易信息。年报和季报须有P2P平台在指定时间内的盈利、公司结构等情况。P2P平台每日在EDGAR上披露的借款信息主要分为两部分:“借款项目的详细信息”和“借款人的信用评估信息”。其中,“借款项目信息”一栏里,主要包括总的借款金额、待筹集金额、P2P平台给予的信用评级、借款期限、筹资的时间、借款利率、投资人的收益率、费用、每期还款金额等。在“借款人的信用评估”一栏里,主要有借款人的FICO评分、债务与收入的占比、工作收入状况、过往的信用记录、财产状况等。投资者适当性管理:除了SEC以外,美国各州共有三种基本的方法监管P2P网站:第一种是禁止P2P在线网站在其州内劝诱投资者(贷款人),第二种是允许网站根据其提供的商业模式在其州内运营,第三种是许可网站运营但是将“投资者”限于满足“适当性(suitability)”要求的成熟投资者。这种适当性的标准是以个人投资者的收入和净资产为基础确定的,从而就将P2P的投资人局限在一小部分相对富有的人群。在具体操作上,州证券监管部门并不检查这些适当性标准是否得到了遵守,也不要求P2P网站确认贷款人满足了这些要求。相反,P2P网站要求贷款人宣称他们满足了这些标准。如果P2P借贷公司没有收到贷款人正确的适当性宣称就把票据出售给该贷款人,或者该网站知道或应当知道贷款人的适当性宣称是伪造的话,公司就要为此承担责任。

(二)英国

英国对P2P网贷行业的监管主要分为政府监管和行业自律两类。

政府监管:2014年4月以前,英国并没有对P2P借贷作出特别监管,P2P借贷行业主要实行自律监管。由于2014年4月1日起,消费信贷成为金融行为监管局(Financial Conduct Authority,FCA)的监管范畴,而消费信贷囊括了P2P借贷平台,故P2P借贷行业从此便纳入英国FCA的监管之内。P2P网贷行业的政府监管是指接受英国金融行为监管局的管理。

2014年4月1日,英国正式施行由FCA发布的《关于网络众筹和通过其他方式发行不易变现证券的监管规则》,此规则被认为是全球首部针对P2P监管的法律法规。FCA将借贷型(即P2P网贷)和股权投资型两类众筹纳入监管,并制定了不同的监管标准,从事以上两类公司必须要取得FCA授权。围绕金融消费者保护的监管目标,FCA建立了平台最低审慎资本标准、客户资金保护规则、信息披露制度、信息报告制度、合同解除权(后悔权)、平台倒闭后借贷管理安排与争端解决机制等七项基本监管规则。

行业自律:2011年8月,英国三家著名的P2P平台Zopa、RateSctter、Funding Circle联合成立了P2P金融协会(Peer-to-Peer Finance Association,P2PFA),这是英国第一家P2P行业专业协会,旨在推动高标准的行业准则及对用户的保护。目前,该协会还接纳了Landbay,Lendingworks,

LendInvest，MarketInvoice，ThinCat 等其他几家在英国富有影响力的 P2P 平台。作为行业性协会，P2PFA 制定了适用于所有会员的行业行为准则，包括最低运营资本、客户资金隔离、信用风险管理等十项。准则的出台，填补了当时金融行为监管局未推出监管法案的空白，是 P2P 网络借贷行业的重要组成部分。

二、对我国 P2P 网络借贷的监管建议

由于 P2P 网络借贷涉及公众投资者利益和金融消费者的保护问题，因此有必要借鉴国外的先进经验，对我国的 P2P 网络借贷实施有效监管。

（一）建立 P2P 网络借贷行业准入标准

目前 P2P 行业不规范运行的主要原因之一就是其准入门槛较低。随着 2015 年 7 月《关于促进互联网金融健康发展的指导意见》的出台，网络借贷行业正式进入规范发展期，应设立行业基本准入标准，以提升平台抗风险水平，阻止那些操作不规范、没有出色运营模式的参与者。

设立准入标准可考虑以下两个维度：

1. 注册资本金。现阶段，我国 P2P 行业的进入成本过低，注册资金普遍偏少，而欧美 P2P 平台注册资金基本都在千万元级别。为提高平台的抗风险水平，实现对投资者的有效保护，建立 P2P 平台最低注册资本金制度十分必要。

2. 确定监管主体。制定 P2P 开业运营基础标准，及注册审核制度。未达到标准的不允许开业，或需要停业整改。基础运营标准可以从公司人力资源、技术能力、风险管理、信息安全管理、平台投资者保护、平台退出机制等方面予以设定及验收。

（二）建立 P2P 网络借贷公司的风险控制机制

首先，监管部门应建立 P2P 平台的机构风险评级机制，评级结果定期对社会和投资者公布，并发布风险警示；同时要求 P2P 借贷平台与第三方做好其解散后服务贷款的安排，或者要求没有这种安排的平台在醒目的地

方作出警示。其次,对P2P网络借贷平台推出的产品应进行备案审核,尤其是对于秒标和净值标这样的异化产品,应禁止或限制使用。最后,对于P2P借贷公司承诺以自有资金为投资人提供借款(本、息)担保,或者P2P公司虽然设立风险储备资金池但不明确以风险储备池中的资金作为全部偿付来源,并且以平台为风险承担主体和拥有风险性收入时,应认定其从事融资性担保业务,并将其纳入担保公司的管理体系,要求其取得经营融资性担保业务的许可。

(三)实现P2P借贷平台资金的全面托管

为了杜绝P2P平台介入非法集资或者商业诈骗的可能性,监管部门应强制性要求所有的P2P借贷公司指定专门的托管机构对中间资金账户进行专营专管,使平台本身只能查看账户明细,而不能随意调用资金,同时托管机构有权也有义务对资金的进出进行监管,并向投资者和社会定期发布资金托管报告。监管P2P借贷公司资金流的来源、托管、结算、归属,也有利于相关部门进行社会融资统计和监测分析。此外,监管部门也可以尝试成立专业的认证机构对独立于P2P平台的资金安全进行认证。最后还需在制度上明确和保障在P2P平台破产后,资金账户中的资金不会用于清偿P2P平台的债务,而是应归属于贷款人。

(四)建立防火墙机制,合理切割P2P借贷公司的运营关联性

目前,P2P网络借贷公司运营中的关联风险主要存在两个方面:一种是债权转让模式中内部业务和机构的关联性,另一种是对贷款本金提供担保的P2P借贷平台的业务与其担保业务关联,有些是两项业务合在同一家P2P网贷公司,有些是关联公司为P2P平台的投资者提供担保。无论哪一种关联,都没有实现风险的分散和转移。因此,必须对P2P借贷公司运营的关联性进行合理切割,即将债权转让模式中的资产评级业务与专业放贷人及其关联机构进行风险隔离,切割小贷担保模式中的网贷平台业务和担保关联业务,保持各自充分的独立和透明。

（五）规范 P2P 借贷平台的信息披露

监管部门应要求 P2P 平台为借贷双方提供透明的信息,减少因信息不对称造成的风险。包括提供平台整体的信贷风险贷款比率、真实有效的利率水平等,并披露投资收益的计算制定标准和方法。同时,监管部门应要求 P2P 借贷平台对借款人提交的贷款申请中的信息实施最低的注意标准。借款人可能会提供虚假信息,P2P 借贷平台不可能确认借款人描述中自己报告的所有信息。但是,没有理由允许 P2P 借贷平台对其网站上所有的信息都免于责任,包括那些声称经过认证的信息。

（六）建立 P2P 网络借贷投资者的"适当性"要求

由于 P2P 网络借贷的投资风险较大,因此监管部门应要求 P2P 网贷平台了解投资人,评估投资者的风险识别和风险承担能力,建立投资者适当性管理体系。根据投资者的风险承受能力进行产品的推荐及匹配。禁止不当销售,将风险不匹配的产品推销给投资人。

（七）引导 P2P 网络借贷行业的自律

在 P2P 网络借贷行业发展的初期,政府应对该行业的自律活动起到引导和督促作用。首先,监管部门应协助成立 P2P 行业统一的自律组织并要求所有的 P2P 借贷公司加入自律组织;其次,监管部门应鼓励和支持 P2P 网络借贷行业自律组织建立行业信息共享平台,尤其是征信信息共享和黑名单公示机制;再次,自律组织应当考虑对授信共享机制形成共识并初步制定行业标准;最后,自律组织应充分发挥自律功能,承担起对成员的监督、警示甚至处罚职责。

（八）改善舆论环境与法律环境

法律和规范的制定总是落后于业务的发展,P2P 网络借贷作为新兴行业,其相关法规的制定更是如此。在目前规范行业发展的同时,应兼顾行业的创新与发展速度。在发展初期,舆论环境在一定程度上能够影响投资者与政府监管,而法律环境则直接决定行业的发展活力与创新空间。网络借贷行业发展具有其内在合理性与积极意义,应避免对其过于苛刻、以偏概全,甚至否定整个网贷行业。互联网金融具有快速的风险传导作用,对于P2P行业的规范管理,宜采用疏导与管控结合的方式,不宜全盘否定、紧急刹车,否则极易造成挤兑风险,进而导致平台资金断链,加剧社会动荡。因此,对于P2P网络借贷,监管部门应采用柔性监管原则,给予适当宽松的舆论环境、法律环境,确保在规范网贷行业健康发展的同时,又能兼顾到行业的创新与发展速度。

总之,P2P网络借贷在我国乃至世界范围内都是新生事物,为了让这个行业健康有序发展,政府必须采取正确的措施对其予以监管。

第五章

支付业务与互联网的融合

伴随着互联网技术的迅猛发展,人与人、人与物、人与场景的连接随时随地发生,人类逐渐从实体空间向网络空间迁徙,互联网对当前人类的生活方式、组织方式、治理方式均产生了革命性的影响。当商业生态随着大众的消费和投资习惯逐渐向网络迁移,商业银行的垄断支付功能受到了互联网金融的冲击。以互联网支付、手机支付、预付费卡等为代表的第三方支付业在电子商务的带动下在国内蓬勃发展起来。

总体来看,第三方支付对金融业的影响是积极的、正面的,推动了金融行业服务质量的上升,提高了资金利用效率,加速了金融业和信息技术的融合。第三方支付公司将信息技术与支付清算服务结合,弥补了传统商业银行的支付清算服务在资金处理效率、信息流整合方面的不足。第三方支付公司从结算、融资业务两条线介入银行业的传统领地,倒逼商业银行不断改革现有的服务模式,也给商业银行的支付业务发展带来了新的发展动力,对整个金融系统的支付运行效率起到了较大的提升作用。支付业务与互联网等新技术的融合过程也是实现"以客户为中心、以风险管理为核心、以应用场景为基础、以技术驱动为手段、以实现盈利为目标"融合之道的根本体现。

第一节　第三方支付对传统银行支付业务的挑战

在经济货币化日益加深的情况下，建立一个有效的、适应性强的交易和支付系统是经济发展的必要条件。可靠的交易和支付系统是金融系统的基础设施，清算和支付系统的发达，可以降低社会交易成本，促进社会专业化的发展，大大提高生产效率和技术进步。所以说，现代支付系统与现代经济增长是相伴而生的。

在第三方支付出现之前，社会大众主要通过商业银行的支付体系来完成绝大部分的交易活动。这给予了商业银行在接触客户方面的垄断性。以国内为例，当前官方的支付体系包括了大额实时支付系统、小额批量支付系统、支票影像交换系统、境内外币支付系统、电子商业汇票系统等一整套复杂的体系。不论是个人、企业甚至非银行金融机构，只要想通过转账完成交易就必须在商业银行开立账户。企业法人的取现行为受到严格限制，而且使用现金进行大金额交易成本非常之高。正因此，商业银行垄断性地拥有了接触每一个客户的能力，而且依托于账户活动，可实现对企业和个人经济活动的实时监控。在支付体系的基础之上，银行更进一步发展了代收代付、代发工资、借记卡、托管、现金管理等功能。

伴随着互联网技术的迅猛发展，人与人、人与物、人与场景的连接随时随地发生，人类逐渐从实体空间向网络空间迁徙，互联网对当前人类生活方式、组织方式、治理方式均产生了革命性的影响。当商业生态随着大众的消费和投资习惯逐渐向网络迁移，商业银行的垄断支付功能受到互联网金融的冲击，以互联网支付、手机支付、预付费卡等为代表的第三方支付业在电子商务的带动下在国内蓬勃发展。

第三方支付，就是具备信誉保障和一定实力的第三方独立机构与产品所在国的国内银行或国外银行签约，提供交易支持平台。其交易的达成仍需借助银行支付清算系统后台，但其打破了银行在接触客户方面的垄断，直接面对交易双方，将银行从交易的前台挤到了幕后。第三方支付模式的出现，在一定程度上解决了网上银行支付不能约束和监督双方的交易、支付方式比较单一，以及在整个交易过程中，货物的质量、诚信问题不能可靠保证等一系列问题。同时，第三方支付机构所具备的虚拟账户储值、支付结算、转账汇款等功能已与商业银行的账户功能十分接近。例如，支付宝、财付通和快钱等既可为个人用户提供信用卡免费跨行还款、转账汇款、缴费等多项支付服务，也可针对企业用户提供大额收付款、一对多批量付款等资金结算服务。

第三方支付业务对传统商业银行支付业务造成的冲击主要表现在以下几个方面：

一、蚕食银行中间业务

第三方支付平台正在切断银行与终端消费者的直接联系，使金融业务的格局发生变化。

起初，第三方支付企业所针对的客户以及所提供的服务，主要集中在网购、电子商务领域，是一些银行不愿意做或者做起来性价比不高的业务。如今，第三方支付企业不断创新突围，在蚂蚁金服、腾讯等互联网巨擘的带动下，第三方的应用场景从线上走到了线下：在中国很多大型城市，无论是超市采购，还是餐厅就餐，无论是水电煤费缴纳、机票代购，还是保险代缴、手机话费充值，民众都能够通过第三方支付来解决。基金、教育、跨境支付等支付市场成为新兴的掘金领域。这一切都表明以“免费”和“便捷”吸引用户的第三方支付机构的存在，在弥补银行网点不足的同时，正在使商业银行的支付中介功能逐渐被弱化。

第三方支付的兴起，不可避免地会促使金融行业间结算费率的降低。随着电子商务的发展，在线交易不断增多，实体店交易不断减少。在实体店交易中，商业银行可以从刷卡交易中得到较高的手续费分成。而第三方支付相对较低的手续费和转账费，给商业银行带来了无形的竞争压力，迫使商业银行降低手续费分成要求。而且，第三方支付无跨行转账清算成本，并且可以通过未结算金额获得利息，从而在成本上领先，使得商业银行中间业务收入降低。以信用卡跨行还款为例，客户通过网上银行跨行还款一般需要支付 0.5% 的手续费，而通过第三方支付机构跨行还款却不需要支付任何费用。银行跨行转账两万元以下的业务一般通过人民银行小额支付系统清算，清算成本大约是 0.5 元/笔，两万元以上的业务一般通过人民银行大额支付系统清算，清算成本大约是 5.5 元/笔。而第三方支付所有清算行为均发生在机构内部账户间，所以第三方支付机构不存在跨行清算成本。因此，如果银行不适度降低手续费挽留客户，客户从银行转向第三方支付机构，银行的中间业务收入减少的趋势不可避免。

二、改变银行存款结构

目前，用户可以通过网上银行等多种渠道为第三方支付账户充值，用于网购和线下消费，之前存放在个人账户的活期存款不断流向第三方支付的银行账户。由于买卖方收付款存在时间差，这为第三方支付带来巨额已收代付的沉淀资金。这部分备付金的存在改变了各家银行间的存款分布，非备付金存管银行活期存款大量外流。以 2013 年支付宝日均交易额 60 亿元、平均周转时间 5 天测算，沉淀资金余额超 300 亿元。

从存款结构来看，活期储蓄支付形成的备付金部分转为一年以内的定期存款。资金周转导致会有数额相对稳定的备付金沉淀在第三方机构的账户内，以单位定期存款、单位通知存款、协定存款等形式存放在银行，和活期储蓄存款相比，银行的存款期限拉长，吸储成本上升。此外，随着第三方支付的高速发展，其业务逐步向代理基金和互联网理财等领域拓展，也对定期存款形成了分流和竞争。

三、抢占新的服务领域

第三方支付以开展个人信用支付和企业信用贷款的方式切入融资领域，引领金融系统进入依据用户支付信息进行金融服务的新时代。

越来越多的第三方支付公司开始从支付概念领域进入融资领域之中，第三方支付企业的金融属性日益显现。支付宝推出的信用支付，实际上相当于消费信贷，即支付宝向用户发行了虚拟信用卡，授信额度从 200 元到 5 000 元不等。不同于传统信用卡业务中的抵押模式，支付宝通过对注册时间、网上消费记录、买家信用等级等长期积累的交易信息进行分析，对客户进行信用评级，以提供相应的授信额度。

快钱、易宝支付等第三方支付公司则面向中小企业提供不需要抵押资产的信用融资服务。一方面，它们同银行合作，共同推出满足中小企业需求的贷款产品。第三方支付企业通过信息化的方式将企业的合同量、交易量、资金流等数据进行分析，转化为银行认可的信用，并收取服务费；另一方面，第三方支付平台由于对产业链上下游的交易情况有清晰的了解，也会用一部分自有资金，或者从银行、小贷公司贷款，以“垫付”“保理”的形式向中小企业提供融资便利。

金融业竞争的本质就是信息竞争，掌握一切有关资金流动和信用变化的信息，才能找到低风险的机会。第三方支付平台在运营支付业务的过程中，积累了大量行业客户和个人用户的资料和交易行为信息，而且单家企业的数据集中度很高，也可以辐射多个行业。第三方支付平台可以通过信息技术对数据加以整合分析，从而评价客户和用户的信用等级，不需要中小企业提供大量的资金抵押，并且可以实现跨产业链的资金融合，在缓解中小企业融资难方面发挥了重要作用。

总体来看，第三方支付对银行业的影响是积极正面的，它推动了金融行业服务质量的上升，提高了资金利用效率，加速了金融业和信息技术的融合。第三方支付公司将信息技术与支付清算服务结合，弥补了传统商业银行的支付清算服务在资金处理效率、信息流整合方面的不足。而随着第三方支付公司从结算、融资业务两条线介入银行业的传统领地，倒逼商业银行不断改革现有的服务模式，也给商业银行的支付业务发展带来了新的发展动力：

（一）以客户为中心

“以客户为中心”是互联网金融企业的核心思想，也是第三方支付企业能够迅速占领市场、不断扩展业务边界的法宝之一。它们给用户带来了方便、快捷和人性化的服务，一切从解决客户的痛点出发，是之前传统商业银行冗杂的手续和服务过程所无法比拟的。各商业银行应坚持以客户为中心、以市场为导向、以科技为依托、以效益为目标，把结算的工作重点放在开拓结算产品、竞争同业代理，最大限度地满足客户日益多样化的量身定做的个人金融服务需要。银行可设立专门的组织机构和绩效考核机制，设计出安全性和便利性并行的网络交易平台，积极为个人客户提供理财、咨询等多种与支付相关的服务，强化客户服务体验，进一步提高工作效率和客户满意度。从这一角度来讲，银行应对第三方支付的竞争的过程也是大练内功、从而更好地为人民服务的过程。

（二）加强与第三方支付机构的合作

首先，第三方支付平台上有大量的个人客户、企业客户，这些客户经过市场培育多年，均有着良好的信誉，对商业银行来说，他们无疑是优质客户群，是银行发展新客户的机会，银行可以通过业务合作实现数据的共享，为客户营销和授信风险判断提供宝贵的依据。

其次，银行可争取支付平台的备付金存管业务。备付金具有数额巨大、稳定等特点，是商业银行吸收低成本资金来源、拓展负债渠道的一条有效路径。

据统计，目前在支付领域银行业与第三方支付机构势均力敌，并呈现相互渗透的趋势。银行在需要较高信任、信用的大额支付市场占优，正向低信任、信用需求的个人小额支付市场进军。互联网金融企业则反之，在个人小额移动支付方面已经占优，而且个人小额支付不仅在线上，在线下人们也越来越习惯使用微信支付和支付宝。两者各有强项，互为补充，积极合作必将实现共赢。

第二节　第三方支付概述

一、形式多样的运营模式

互联网以其快捷、安全、低成本的特点为电子商务提供了发展空间。网络拉近了人与人之间的距离，也拉近了消费者与商品的距离。在网上，消费者可以足不出户，挑选琳琅满目的商品，在现今不断加快的生活节奏下，电子商务凭借快捷完善的线上交易系统，更加顺应了潮流发展。

电子商务健康、可持续发展的关键就是资金能通过网络顺利周转，这也成为推动我国第三方互联网支付诞生、发展和壮大的一个重要原因。安全可靠的网上支付能够打破传统的资金流动模式，使货币以电子信息的形式在网上流动，对电子商务活动的成功起到关键作用。

以支付宝、财付通、快钱等为代表的第三方支付机构，成功地打通了电子商务网上交易的各个环节，成为第三方支付市场中的主要参与者。第三方支付机构在市场需求和创新发展的双重作用下，获得了前所未有的成长，形成了新兴的第三方支付产业。

为了促进行业健康发展，中国人民银行 2010 年 6 月 14 日发布了《非金融机构支付服务管理办法》，不仅对行业准入、支付机构经营要求作出了明确规范，而且第一次对第三方支付进行了明确的定义："非金融机构支付服务是指非金融机构在收付款人之间作为中介机构提供下列部分或全部货币资金转移服务：

（一）网络支付；

（二）预付卡的发行与受理；

（三）银行卡收单；

（四）中国人民银行确定的其他支付服务。

网络支付是指依托公共网络或专用网络在收付款人之间转移货币资金的行为，包括货币汇兑、互联网支付、移动电话支付、固定电话支付、数字电视支付等。

预付卡是指以营利为目的发行的、在发行机构之外购买商品或服务的预付价值，包括采取磁条、芯片等技术以卡片、密码等形式发行的预付卡。

银行卡收单是指通过销售点（POS）终端等为银行卡特约商户代收货币资金的行为。"

目前网络支付又有以下三种主要模式：

1. 支付网关模式。支付网关模式主要解决电子商务企业与商业银行之间收款或付款的网络连接问题(图 5-1)。在该模式下,互联网第三方支付平台相当于商户与银行的“中转站”,客户发出支付指令后,支付平台将指令传递给银行,银行完成转账后再将信息传递给支付平台,支付平台将此信息通知商户并与商户进行账户结算。支付网关位于互联网和传统的银行专网之间,其主要作用是安全连接互联网和专网,起到隔离和保护专网的作用。在支付网关模式下,第三方支付平台并没有介入银行的支付和清算环节,只是发挥了在银行与商户之间传递支付清算信息的作用。但因为它只是一个通道,无法依照商家的需求定制服务。如果商家和银行直连,这种模式就会被抛弃,所以该模式的发展空间越来越小。目前,许多大型电子商务公司,如淘宝网、易趣、苏宁等,利用自身所拥有的庞大用户群体,纷纷自建支付平台,将第三方网络支付模式推向第二种模式,即虚拟账户模式。

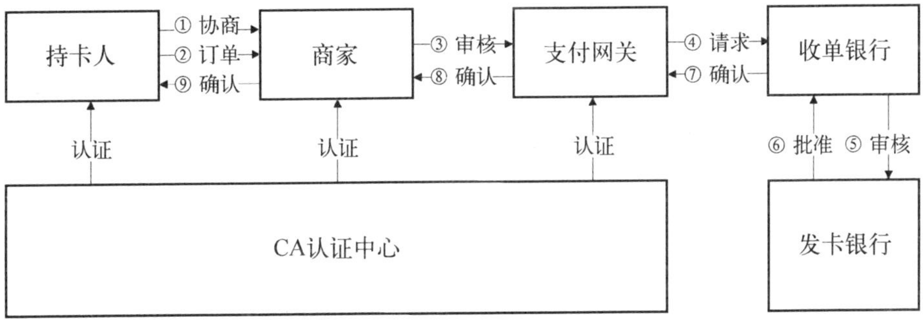

图 5-1 支付网关模式资金清算流程

资料来源:中国人民银行金融研究所

2. 虚拟账户模式(如图 5-2)。客户在交易之前,必须在支付机构登记注册,并开设虚拟账户。虚拟账户之间可以转账,也可以实现虚拟账户与实际银行账户之间的转账。交易过程中,客户先将自己银行账户内的资金划转至虚拟支付账户(或者同步实现),再向支付机构提交支付指令,划转支付账号内资金。第三方支付机构通过虚拟账户实现对客户支付交易的担保,保证交易安全。在付款之前,第三方支付机构实际上发挥了代替买卖双方暂时保管货款的作用,并且第三方支付机构的介入,解决了网上交易的信用问题，极大地促进了电子商务的发展。许多大型支付公司，如中国的支付宝和美国的贝宝都采用这种模式。资金清算流程可概括为：买方在电子商务网站选购商品，使用第三方平台开立的虚拟账户对所购商品进行支付，第三方支付机构负责通知卖家货款到达、进行发货，买方收到商品并验货后，就可通知第三方支付机构付款给卖家，第三方支付机构再将款项转至卖家账户；若买卖双方取消交易或买方退货，则第三方支付机构将资金转回买方虚拟账户，客户可随时将资金从虚拟账户转回至原银行结算账户或其他银行结算账户。在这种模式中，第三方支付机构起到了信用中介的作用，解决了买卖双方信息不对称的问题，在买家确认收到商品前，第三方支付平台代替买卖双方暂时保管货款，消除了买方对卖方的疑虑，促进了电子商务的发展。

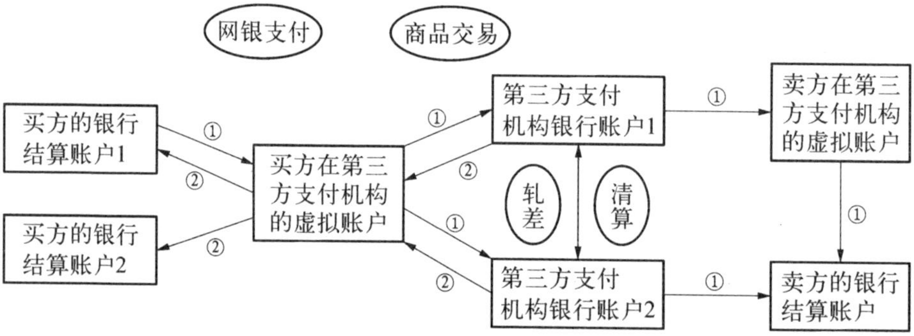

图 5－2 虚拟账户支付模式资金清算流程

资料来源：中国人民银行金融研究所

3. 便捷支付工具模式。伴随着移动互联和各种应用的普及，第三方支付机构开始大力推广各种便捷支付工具。这种模式主要体现在两个方面：一是互联网支付账户集成多种功能；二是基于手机客户端的移动支付业务。目前移动支付已经成为未来支付行业发展的重点和方向。从用户使用场景来看，移动支付产品可分为近场支付与远程支付两类。近场支付是指手机通过近场通信技术，与近场金融终端（如 POS 机、自动售货机等）进行交互，从而完成支付的商业行为，典型的产品包括小额电子钱包、公交一卡通等。远程支付是指手机通过远程网络，与远程服务器交互，从而完成支付的商业行为。随着信息通信技术的发展及用户需求的不断提高,各种支付方式开始交叉融合,近场支付和远程支付之间的界限变得越来越模糊,创新产品往往包含了多种支付技术。

二、寡头垄断的市场格局

我国第三方支付真正意义上呈规模增长始于 2005 年。在 2005 年之前我国从事第三方支付的企业有十家左右,其中规模较大的有上海环讯、北京首信、银联电子支付等。当时第三方支付企业生存环境相对宽松,获得的利润也非常可观。而在 2005 年后,伴随着我国网民规模不断增长,及广大企业和个人对支付手段便利性、实时性和信用担保等方面的需求增长,支付宝等多家第三方支付企业迅速崛起,我国第三方支付开始了井喷时代。根据中国人民银行公布的数据,2016 年前三季非银行支付机构处理网络支付业务 440.28 亿笔,金额 26.34 万亿元,同比分别增长 106.83%和 105.82%,支付业务量稳步增长。

2010 年,《非金融机构支付服务管理办法》出台,标志着第三方支付正式被纳入监管范围,支付牌照也自彼时而来。在随后的几年里,第三方支付公司纷纷开始了自己的业务探索,享受牌照以及宽松监管带来的红利。但近年来,央行大大放缓了新支付牌照的发放,2015 年年底甚至暂停了牌照的申请受理和发放。同时,支付牌照不可以倒买倒卖,其他公司只能通过直接收购第三方支付公司的方式将支付牌照收入囊中,这使得支付牌照的市场存量越来越少,陆续获牌的 270 家第三方支付公司成了稀缺标的。并且,随着近期 3 家第三方支付公司被吊销牌照,现存的第三方支付牌照进一步缩减至 267 张。

从地区分布来看,持牌机构主要分布在经济较为发达的地区。由于经济发达地区环境承载能力较强、经济和人口聚集条件、电子商务配套产业环境较好,因此我国第三方支付整体市场集中度较高,主要分布在经济较为发达的省市。获牌照数量居于前六位的省市分别为上海、北京、江苏、深圳、浙江(不含宁波)、广东(不含深圳),共计 148 家,占获牌企业总数的 66.4%。

从市场格局来看，第三方支付市场呈现寡头垄断局面，包括支付宝、财付通、银商、快钱、汇付天下在内的前五大支付商占据着90%以上的市场份额。相较于2014年，支付宝2015年的市场份额降至47.5%；2015年财付通金融战略升级，构建开放合作平台，依托微信和QQ社交工具，拓展支付场景，将移动支付与互联网支付相结合，为用户进行全方位的支付理财服务，并取得了不错的成绩，2015年市场份额占20%；京东拥有以支付为基础的七大业务线，结合自身电商优势，加快互联网金融的布局，拓展京东金融版图，2015年京东支付市场份额占2.0%，未来将更具发展潜力；2015年P2P行业面临行业监管和规范化发展的要求，但整体交易规模仍呈现出较高增长，汇付天下、易宝支付及宝付因此获得较快增长；作为电商巨头之一的苏宁，也在积极拓展金融板块，易付宝作为其底层支付，获得了较快的发展，2015年市场份额占1.2%。介于市场上排名前十的企业几乎完全占据市场，因此新进入者的进入壁垒非常高，已有企业之间的竞争激烈，彼此之间抢占市场份额，但是总体的市场占有趋势并没有大的变化。

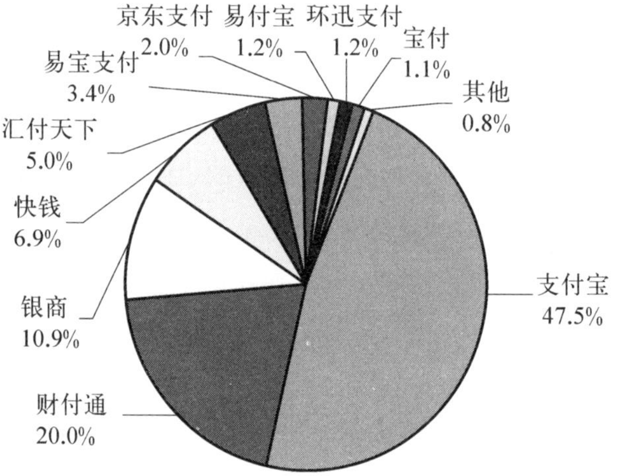

注释：1. 互联网支付是指客户通过桌式电脑、便携式电脑等设备，依托互联网发起支付指令，实现货币资金转移的行为；2. 统计企业中不含银行、银联，仅指规模以上非金融机构支付企业；3. 2015Q4中国第三方互联网支付交易规模为35 481.3亿元。

来源：综合企业及专家访谈，根据艾瑞统计模型核算。

图5－3 2015年中国第三方互联网支付交易规模市场份额

案例一：支付宝

经过十多年的发展，支付宝已经成为国内市场份额最大的第三方支付平台。支付宝的发展历史，在某种意义上来说也就是中国第三方支付的发展历史。

浙江支付宝网络技术有限公司(原名支付宝(中国)网络技术有限公司)是国内独立的第三方支付平台，是阿里巴巴集团的关联公司。支付宝的发展历程大体上经历了两个阶段，从最初的“植根淘宝”到“独立支付平台”，与同时期诞生的其他第三方支付平台不同，支付宝一开始只面向淘宝，即与淘宝网购物的应用场景相结合，服务于淘宝交易。而后支付宝开始独立发展，向独立支付平台转型，支付宝成为电子商务的一项基础服务，担当着“电子钱包”的角色。具体发展阶段如下：

2003—2004 年植根淘宝：

支付宝在 2003 年最初上线时主要是针对淘宝上购物的信用问题，即解决网购用户的需求，推出“担保交易”模式，使买家在确认满意所购的产品后才将款项发放给卖家，降低网上购物的交易风险，支付宝植根于淘宝网购需求，充当了淘宝网资金流工具的角色。

当时支付宝是淘宝旗下的一个部门，并没有什么长远发展目标，只是一款专为淘宝网的发展需要打造的支付工具，主要面向淘宝网提供担保交易，解决淘宝网发展的支付瓶颈问题。没想到淘宝网的发展为支付宝带来了源源不断的用户，2004 年，阿里巴巴管理层认识到支付宝在初步解决淘宝信用瓶颈后，不应该只是淘宝网的一个应用工具，即“支付宝或许可以是个独立的产品，成为所有电子商务网站一个非常基础的服务。”

同年 12 月支付宝从淘宝网分拆，支付宝网站上线，并通过浙江支付宝网络科技有限公司独立运营，宣告支付宝正式从淘宝网的第三方担保平台向独立支付平台发展。

2005 年起成为独立支付平台：

2005 年 1 月，马云在达沃斯经济论坛上表示 2005 年将是中国电子商务的安全支付年，2 月支付宝推出全额赔付制度，3 月与中国工商银行达成战略合作伙伴协议，在原有基础上进一步加强双方电子商务领域和支付领域合作的范围和深度，随后又与农行、VISA 等达成战略合作协议。

但当时网络消费仍处于初步发展阶段，支付宝外部拓展空间有限，淘宝依旧是其单一客户，这也与支付特性有关，即支付需要在某个应用场景下发生，人们不会无缘无故使用支付宝的服务，也就意味着支付宝的独立发展需要借助整个互联网电子商务的发展。

支付宝首先切入的是网游、航空机票、B2C 等网络化程度较高的外部市场，在电子商务迅速发展的驱动下，截至 2006 年年底，使用支付宝作为支付工具的非淘宝网商家，如数码通信、游戏点卡等企业已经达到 30 万家以上，支付宝独立支付平台的身份也开始被外界所接受。

2008 年 8 月，支付宝用户数突破 1 亿，超越淘宝网的 8 000 万用户，占网民总数的 40%，10 月份支付宝宣布正式进入公共事业性缴费市场，通过支付宝网上缴纳水、电、煤以及通信费等日常费用，另外支付宝与卓越亚马逊、京东商城、红孩子等独立 B2C 互联网企业展开合作，成为其平台的支付方式之一，并推出 WAP 手机版，布局移动领域，2008 年支付宝全年交易额达到 1 300 亿元人民币以上。

2009 年 11 月支付宝启动“聚生活”战略，即建设无形的开放平台，从“缴费服务”向“整合生活资源”进行战略转型，实现市县级的水电煤缴费、信用卡还款、缴纳罚款、学费、行政类缴费以及网络捐赠等多项服务。

2011 年 7 月支付宝推出手机支付产品——条码支付(Barcode Pay)，进军线下支付市场，消费者和商家之间通过支付宝条码进行交易，无需银行卡，支付宝用远程支付模拟近场支付，推行线下支付网络化发展。2013 年 6 月 17 日，余额宝服务正式上线，标志着支付宝从支付平台向理财领域进军，完成了向电子钱包功能的跨越。

支付宝实际上只是一种虚拟的电子货币交易平台，并通过对应银行实现账户资金的转移，也就是说支付宝资金的转移通过用户支付宝账户和银行账户进行，商业银行为支付宝提供基础服务，而支付宝更像是一款搭载在商业银行上的支付应用。

支付宝需要将用户资金存放在合作商业银行当作交易保证金，中国工商银行对资金进行托管服务，检查支付宝存放在各家商业银行的客户交易

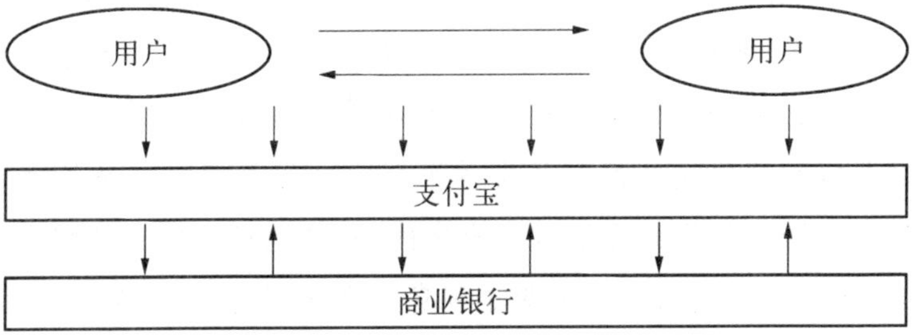

图 5－4　支付宝运行模式

保证金余额总和是否与用户存放在支付宝的资金余额与待处理款、未达款余额之和平衡,并按月出具报告。这也间接解释了支付宝用户沉淀资金的去向,即以交易保证金的形式存放在合作的商业银行。

目前支付宝向用户提供付款、提现、收款、转账、担保交易、生活缴费、理财产品(主要是保险)等基本服务,相当于电子钱包的功能。

支付宝目前分成个人服务和商家服务两种类型,在营收上支付宝对个人用户免费,从而形成巨大的个人用户规模;支付宝通过向商家提供支付产品、行业解决方案以及第三方服务的方式收取服务费。

案例二:银联支付

“银联在线支付”是中国银联为满足各方网上支付需求而推出的银行卡网上支付平台。银联支付成立于 2002 年,基于其卡组织的身份,银联在国内线下支付市场一直处于垄断地位,直至 2009 年,银联才开始大举进入网上支付业务。银联最开始将重点放在 B2B 与 B2C 业务上,先后与国内外各大 B2C 企业进行合作,如京东、亚马逊、当当等。相较于其他第三方支付平台,银联支付本身所具有的先天优势成为其发展道路上的一大助力,目前涵盖了认证支付、快捷支付、小额支付、储值卡支付、网银支付等多种支付方式,可为用户境内外网上购物、水电气缴费、商旅预订、转账还款、基金申购、慈善捐款以及企业代收付等提供“安全、快捷、多选择、全球化”的支付服务。

银联支付依托于中国银联母公司,具有不可比拟的先发优势。所有的银联卡都可以使用，有助于银联支付吸引更多客户。银联一直致力于发展跨境业务。目前，银联网上支付也已经覆盖了全球大部分的国家和地区，极大地便利了人们的购物需求。在安全性方面，银联在线支付是国内首个支持金融级预授权担保交易的在线支付平台。这代表着在交易结束前，交易双方的资金在账户里面是无法被取出来的，较其他第三方支付相比，它没有向第三方支付充值环节，也就免除了利息损失和挪用风险，在一定程度上保证了资金的安全。

三、多元化的发展方向

如果说商业银行通过支付服务触及个人和商业机构，第三方支付平台则因为支付服务获得了巨大的流量入口。所谓“得支付者得天下”，随着互联网第三方支付应用领域的深化和拓展，具备金融支付实力的企业将拥有良好的市场竞争力和发展潜力。目前在此领域形成较大交易规模的企业主要包括支付宝、财付通、银联在线、快钱、汇付天下、易宝支付等国内第三方支付行业佼佼者，第三方支付产业也呈现出业务多元化、缔造差异化核心优势以及产业链延伸等发展趋势。

1. 业务多元化趋势明显。近两年第三方支付企业虽然以某一种业务为主营业务，但是纷纷开始布局其他的支付业务，如在线支付企业纷纷布局线下，线下银行卡收单企业开展在线支付服务，各类支付企业积极布局移动支付等。从这些产业动态来看，第三方支付产业逐渐结束了以单一支付类型进行企业类型划分的时代，逐渐步入综合支付的发展阶段。

特别是近几年移动互联网和智能终端发展迅速，移动互联网网民将超过传统 PC 互联网网民规模。面对移动互联网的快速发展，各种移动应用开发非常活跃，特别是交易类应用的发展如网购、生活服务、移动理财等发展，为移动支付提供了迫切的市场需求。面对这种技术变革和市场变化，主要的支付公司都开始积极布局移动支付市场。

以支付宝、财付通、银联为代表的支付企业，依托在个人用户市场的品牌、账户规模等优势积极开发移动客户端产品，实现基于移动互联网的在线支付服务。此外，这些支付企业还在探索一些中间件的支付产品，为游戏、购物等企业客户提供在线交易支付服务。

以拉卡拉为代表的支付企业布局手机音频刷卡器刷卡支付，通过银行卡刷卡完成移动支付服务，其中拉卡拉是个人用户使用的远程付款的典型代表。

快钱、易宝等支付企业主要开发企业使用的移动支付解决方案，通过插件或中间件产品解决企业在线交易的支付问题。

三大电信运营商旗下支付公司则在移动支付领域除了开发远程支付产品外，还积极地探索具备更多优势的近场支付产品，通过手机刷卡支付解决大量的小额现金交易和多张银行卡等便利性问题。

2. 布局传统金融理财行业。大量个人在第三方支付平台的闲置资金引发了“碎片化理财”的需求，第三方支付平台也在积极探索网络销售基金、保险产品等传统金融理财业务。这种探索固然有助于突破传统金融产品销售渠道瓶颈，提高客户的忠诚度，但同时，也由于规范销售、投资者适当性保护等问题，对监管提出了更高的管理要求。

3. 转型 B2B 金融服务提供商。目前，国内的第三方支付企业部分已初步完成个人对个人的支付业务，正逐步将业务范围扩展到企业对企业流动资金管理方面，致力于成为一个提供供应链金融的第三方支付企业。

供应链金融主要包括产业链支付（信用）和供应链保理业务，其业务主要集中在第三方支付应用，具体是指集中管理资金流和物流的上下游中小企业。

4. 渗透 P2P 与小额贷款资金监管。P2P 信贷是指个体之间的小额贷款交易，借电商平台建立借贷关系并完成相关交易手续。其资金安全性普遍受到投资者担心，部分 P2P 信贷平台，通过对合作的第三方支付平台的资格审核（通常需要中国人民银行批准）将资金完全隔离于网站和用户，对资金单独管理并形成封闭的支付环境，从而减少风险。

网络小额贷款是指互联网企业与金融机构依据借款人的信用来发放贷款，债务人无须提供抵押品或第三方担保。以阿里巴巴小额贷款公司为例，其提供的贷款不需要抵押，虽然利息比银行高，但是高利息的部分可以随贷随还，按日计息，因此利息总额并不是非常高。同样，以支付宝为代表的第三方支付充当了资金监管方，从而在平台商户、网络小额贷款、第三方支付工具之间形成一个封闭体系，能有效防止资金的挪用。

第三节 第三方支付的风险分析

和传统金融机构类似，第三方支付平台主要存在的风险包括以下几种：

一、防不胜防的操作风险

互联网支付的任何操作失误、系统设计不当或蓄意事件等都有可能带来风险。尤其互联网支付使用用户众多，操作频繁，操作风险集中。操作风险可能会产生用户隐私泄露和资金盗用问题。一方面，不法分子会利用第三方支付系统的漏洞，通过钓鱼网站或植入木马，盗取用户在支付环节输入的个人敏感信息，而后从用户的银行卡中划转资金，导致用户的资金被盗用；另一方面，用户在第三方支付平台上注册及进行交易时，用户的交易信息被记录和保存在第三方支付的数据库中，如果第三方支付平台对用户信息的安全保护不到位，则很容易造成用户信息泄露。目前，对第三方支付产生的一些敏感数据的所有权和使用权仍没有明确的界定，很多基于大数据的分析都可能涉及侵犯个人隐私的问题，这在未来将是一个巨大的隐患。

一些第三方支付机构缺乏风险管理经验，在支付安全上缺乏有效的保障机制和管理手段。在新的支付业务上线时，往往只注重支付功能的创新，而忽视风险管理配套制度的制定和执行，以及支付业务处理的流程管理，导致支付业务处理存在安全隐患。比如，支付结算业务制度不健全，结算处理流程设计不周全，存在管理漏洞。在市场竞争压力下，一些支付机构对于支付产品创新缺乏配套的业务制度和处理流程，导致在业务处理过程中分工不明确，岗位设置不能相互制约，内控管理缺失，流程存在疏漏，引发资金结算风险。

支付机构也可能由于员工违法、违规或违章操作，单独或参与骗取、盗用客户和机构资产，工作疏忽等导致风险。外部主管或不可抗力等因素也会造成操作风险，比如外部人员伪造支付卡、盗用客户账户信息。

二、日益严峻的洗钱风险

相较商业银行的账户实名交易及健全的反洗钱监控体系，第三方支付交易存在匿名性、隐蔽性和信息的不完备性，交易资金的真实来源和去向很难辨别，使通过第三方支付洗钱、恐怖融资和套取现金等风险成为可能。

第一，第三方支付为非法资金注入金融体系提供了潜在的渠道。开立虚拟账户的第三方支付机构难以对客户的相关信息（如姓名、证件号码、联系电话和地址）逐一核实验证（大多只是验证身份证号码的真假，但身份证号码背后的信息难以验证）。因此，第三方支付平台有可能成为不法分子通过匿名或虚假账户洗钱的场所。第三方支付机构的参与使原本完整的银行结算过程被割裂成两个表面上无关的交易。第三方支付机构将客户的支付指令发送给银行，银行据此将资金由客户账户划入支付中介的账户，在客户确认付款后，再根据指令将资金划入目标账户。在整个结算过程中即使买卖双方在同一家银行开户，银行也很难确定这两笔交易的因果关系。因此，银行无法识别资金流向，监管者很难确认交易者的真实背景，任何人只要在第三方支付企业注册了虚拟账户，就可以便捷隐蔽地实现账户间的资金转移。

第二，第三方支付为信用卡套现提供了便利的渠道，使信用卡套现风险由线上向线下蔓延。套现通常利用两个虚拟账号来实现，套现者利用虚假交易或取消交易，通过第三方网上支付平台套取信用额度来套现。采取这种方式，持卡人可以长期套取银行的资金，实现“无息用款”。比如买卖双方可以构造虚假交易，利用信用卡透支消费，双方交易达成后买方将资金从信用卡账户转入第三方支付平台虚拟账户，由虚假卖方收款后再将资金转账或提现返还给买方。整个过程没有真实的货物交易，只是在网上走了一个流程，就实现了信用卡套现。此外，付款人还可以利用第三方支付虚拟的POS机功能通过取消交易的方式套现。当买方取消交易时，付款人在第三方支付虚拟账户中的余额相应增加，付款人可以将资金从虚拟账户转回银行账户。但在现实中付款人可以选择资金的流向，如果在转回前，付款人修改了绑定账户，资金依然不会回到付款人最初的银行账户中。

随着监管机构对线上套现监管的加强，以及互联网支付企业对智能实时风险监控系统的开发，套现方式出现了由线上到线下的转变。第三方支付企业推出了各种手持、移动和家用支付终端，同时，为了扩大市场份额，对商户的审查不严，任意发放预授权 POS 机。犯罪分子利用信用卡预授权规则漏洞，向信用卡内存入大额溢缴款，利用预授权完成交易须在预授权金额115%范围内予以付款承兑的业务特性，与部分支持预授权类交易的特约商户勾结，合谋套取发卡银行额外信用额度。

第三，第三方支付为巨额沉淀资金的非法使用提供了可能性。在交易过程中，第三方中介账户存在在途结算资金。当业务量达到一定规模时，第三方中介账户中的资金量就会很大，所以第三方支付机构虽不是金融企业，却从事资金吸取并形成资金沉淀。当制度约束不到位时，第三方支付机构存在利用结算的时间间隔转移和挪用这部分资金的可能。此时，第三方支付机构的非法行为有可能引发支付风险和安全风险，成为诸如地下钱庄、网络赌博等非法行为可能的资金通道。

三、日新月异的技术风险

随着大众接受程度的提升以及对交易规则和处理措施的逐步了解，交易中的信用风险逐渐降低，但日新月异的应用创新和支付场景创新使技术风险成为主要风险。

以二维码支付为例，二维码支付突破了传统受理终端的业务模式，其风险控制水平直接关系到客户的信息安全与资金安全。其主要风险点包括：(1) 安全屏障不够，网银支付一般是在支付密码之外，还要求客户输入短信验证码作为辅助验证，而二维码支付的指令验证手段比较单一，只需输入支付密码就能完成；(2) 支付终端的安全性较难保证，如果智能手机感染病毒或木马，支付账号和密码就会变得极易泄露，二维码信息也可能被篡改，导致收款账户和支付金额被修改；(3) 识别功能存在漏洞，由于多数二维码扫描工具并不具有识别恶意网址的能力，简单地将二维码翻译成网站地址并自动前往，容易被不法分子加以伪装利用。近年来，国内已陆续出现许多关于二维码支付的风险案件，客户因为扫描二维码导致个人信息泄露、账户资料被盗。目前，金融级应用的二维码认证通过标准还未完整构建，缺少第三方安全检测和认证体系，相对银行卡收单的 POS 通过认证体系，还没有权威机构可以对各互联网企业推出的二维码认证算法或线下扫码机具作安全认证。

四、不容忽视的声誉风险

第三方支付的声誉风险是指负面舆论导致第三方支付机构的资金或客户流失的风险。声誉风险会严重影响第三方支付机构客户关系建立和客户服务的能力，也有可能导致第三方支付机构面临诉讼、经济损失及声誉损害。第三方支付业务的声誉风险具有一定的特殊性，主要集中在以下两个方面：一是客户通过第三方支付机构购买网上商品时出现困难，如果第三方支付平台无法及时解决相应问题，就会给第三方支付机构带来声誉风险；二是若系统存在重大的安全漏洞，会导致黑客或病毒入侵时无法进行控制，最终导致数据破坏或客户信息泄露等，上述情况的发生会严重影响客户对第三方支付的信心，从而造成信誉风险。

正是由于存在以上与金融机构类似的风险，且社会影响巨大，国内针对第三方支付平台的监管正在逐渐收紧，并制定了硬性的准入标准。

第四节　第三方支付行业的监管现状与建议

随着 2010 年《非金融机构支付服务管理办法》正式发布，第三方支付正式纳入中国人民银行的监管之下，为随后支付行业的健康发展奠定了法律基础。随后，中国人民银行又发布了《非金融机构支付服务管理办法实施细则》，明确了非金融机构“支付业务许可证”的申请细则及业务范围。上述法规的出台完善了中国支付行业的法律规范，也促成了第三方支付行业的健康发展。2015 年 12 月 28 日，《非银行支付机构网络支付业务管理办法》（以下简称《办法》）发布，《办法》对互联网支付的日常交易、风险控制等都作出了更为严格的规定。目前对第三方支付的监管脉络主要从以下几个方面入手：

1. 准入许可

根据《非金融机构支付服务管理办法》，中国人民银行对非金融机构从事支付业务实施行政许可，第三方支付服务商必须取得“支付业务许可证”方可提供第三方支付服务。《非金融机构支付服务管理办法》从业务准入、客户备付金安全、业务规范角度建立了对非金融机构支付业务的监督管理机制，主要审查要素包括商业存在、资本实力、主要出资人资格、支付业务系统等设施、高管人员任职资质等。

要取得“支付业务许可证”，第三方支付机构要满足下列条件：第一，组织形式方面，第三方支付机构必须是中国境内依法设立的有限责任公司或者股份有限公司，其主要出资人也必须是依法设立的有限责任公司或股份有限公司，主要出资人截至申请日必须连续盈利两年以上，并且最近三年内无犯罪记录；第二，注册资本方面，拟在全国范围内从事支付业务的第三方支付机构，其注册资本最低限额为1亿元，拟在省范围内从事支付业务的第三方支付服务商，其注册资本最低限额为3 000万元，且注册资本最低限额必须为实缴货币资本；第三，人员方面，第三方支付机构必须有五名以上熟悉支付业务的高级管理人员，且高级管理人员最近三年内无犯罪记录；第四，硬件配备方面，第三方支付机构必须有符合要求的支付业务设施，以及符合要求的营业场所和安全保障措施；第五，内部治理方面，第三方支付机构必须建立健全的组织机构，制定符合要求的反洗钱措施、内部控制制度和风险管理措施。

2. 备付金管理

目前，支付机构将客户备付金以自身名义在多家银行开立账户分散存放，平均每家支付机构开立客户备付金账户13个，最多的开立客户备付金账户达70个。截至2016年第三季度，267家支付机构吸收客户备付金合计超过4 600亿元。

客户备付金的规模巨大、存放分散，存在一系列风险隐患。一是客户备付金存在被支付机构挪用的风险。二是一些支付机构违规占用客户备付金用于购买理财产品或进行其他高风险投资。三是支付机构通过在各商业银行开立的备付金账户办理跨行资金清算，超范围经营，变相行使央行或清算组织的跨行清算职能。甚至有支付机构借此便利为洗钱等犯罪活动提供通道，这也增加了金融风险跨系统传导的隐患。四是客户备付金的分散存放，不利于支付机构统筹资金管理，存在流动性风险。同时，许多支付机构通过扩大客户备付金规模赚取利息收入，偏离了提供支付服务的主业，在一定程度上造成了支付服务市场的无序和混乱，破坏了公平竞争的市场环境，也违背了中国人民银行许可其开展业务的初衷。

中国人民银行对第三方支付业务实施监督管理的核心是，加强资金监管，保障客户合法权益。为有效地保障客户备付金的安全，切实保护客户的合法权益，中国人民银行通过完善监管制度、丰富监管手段、提升监管时效等一系列措施，不断强化支付机构的资金安全保护意识和责任，加强资金风险防范与管理。

2017 年 1 月 13 日，随着中国人民银行办公厅《关于实施支付机构客户备付金集中存管有关事项的通知》的正式颁布，针对第三方支付的备付金管理终于有了明确的监管框架，通知规定如下：

一、自 2017 年 4 月 17 日起，支付机构应将客户备付金按照一定比例交存至指定机构专用存款账户，该账户资金暂不计付利息。

二、人民银行根据支付机构的业务类型和最近一次分类评级结果确定支付机构交存客户备付金的比例，并根据管理需要进行调整。

三、2017 年 4 月 17 日起，支付机构交存客户备付金执行以下比例，获得多项支付业务许可的支付机构，从高适用交存比例。

网络支付业务：12%（A 类）、14%（B 类）、16%（C 类）、18%（D 类）、20%（E 类）；

银行卡收单业务：10%（A 类）、12%（B 类）、14%（C 类）、16%（D 类）、18%（E 类）；

预付卡发行与受理：16%（A 类）、18%（B 类）、20%（C 类）、22%（D 类）、24%（E 类）。

四、支付机构应交存客户备付金的金额根据上季度客户备付金日均余额与支付机构适用的交存比例计算得出，每季度调整一次，每季度首月16日完成资金划转(遇节假日顺延)。

五、商业银行为支付机构交存的客户备付金不计入一般存款，不纳入存款准备金交存基数。

3. 业务监管

中国人民银行通过强化业务制度建设、非现场和现场监督管理对支付机构进行监管。业务制度方面，出台了《银行卡业务管理办法》《支付机构预付卡业务管理办法》等。非现场监管方面，建立了分类监管、属地化监管、年度监管报告、重大事项报告、备付金核验机制等一系列制度，加强对支付机构业务经营的动态监测。现场检查方面，组织开展预付卡、银行卡收单业务现场检查。

4. 行业自律

中国人民银行于2011年5月推动成立了支付清算协会。支付清算协会在中国人民银行指导、支持下，建立健全自律管理和行业服务体系，制定了行业自律公约，设立了专项工作委员会，行业自律体系趋于完善。

5. 反洗钱监管

中国人民银行令(〔2010〕第2号)要求第三方支付服务商遵守反洗钱的有关规定，履行反洗钱义务，制定符合要求的反洗钱措施，反洗钱措施应包括反洗钱内部控制、客户身份识别、可疑交易报告、客户身份资料和交易记录保存等预防洗钱的措施。2012年，中国人民银行关于印发《支付机构反洗钱和反恐怖融资管理办法》的通知，对互联网支付机构反洗钱与反恐怖融资职责进行了明确，从客户身份识别、客户身份资料及交易记录保存、可疑交易报告等方面制定了具体要求，并将其纳入监管范畴。

高速发展下的第三方支付服务组织面临一系列问题和难题，需要对其进行合理、适度的监管。制定的监管措施应该最大化第三方支付的优势、最小化第三方支付的风险、确保第三方支付安全可靠，规范整个行业的发展。除了已实施的监管措施，以下几点基本原则在政策后续制定时具有重要的指导意义：

1. 防范系统性风险

第三方支付由电子商务的蓬勃发展而带动，目前已是我国支付体系的重要组成部分，也是金融风险的传递渠道之一。在支付体系中，一旦某个参与者无法结算其债务或系统某个环节出现故障或困难，就会导致其他系统参与者不能在期满时结算债务。这种破坏会导致更大范围的流动问题和信用问题，从而可能威胁到支付系统或金融市场的稳定。特别是一些市场份额非常大的第三方支付机构，更因为其市场重要性而成为整个系统稳定的关键。因此，防范和控制第三方支付可能导致的系统性风险，也是监管的重要原则。

2. 引入自律监管

他律监管主要是指通过监管部门制定监管政策、达到监管目的。目前第三方支付的主要监管部门是中国人民银行；自律监管主要是指通过行业协会等民间组织的监管，目前第三方支付对应的是支付清算协会。虽然他律监管比自律监管有更强的约束性和执行力，但仅仅依靠他律监管可能面临监管效率低下的问题。因为外部监管总是滞后于业务的发展，监管层要发现问题，就会非常耗时耗力。但若引入自律监管，通过内行人检查一眼就能看出问题。

3. 营造公平的监管环境

第三方支付机构能够提供个性化、专业化、差异化的支付解决方案，随着第三方支付机构的加入，银行专营支付服务的局面被打破，支付市场的服务主体和支付渠道多元化，市场竞争加剧，效率也得以提高。监管部门在执行监管时，应从具体支付业务的属性和特征出发，而非因主体的身份不同而差别对待，第三方支付服务组织也是我国金融支付体系的一个有机构成部分，应当考虑给予其平等的“国民待遇”，使其能共享国家的公共金融资源，公平竞争，共同丰富和完善现有的支付体系功能，促进金融行业及电子商务产业的发展。

4. 适度监管和鼓励创新的关系

第三方支付服务机构的产生是市场发展的需要，监管部门在制定监管措施时，也要从市场需求出发，促进市场资源合理配置，避免“一放就乱、一管就死”的现象。金融监管可以带来金融创新，但过于严厉的监管则扼杀掉了金融创新。监管部门要努力防止不适当的监管措施抑制第三方支付服务机构的创新和发展，相关监管措施和规则要考虑到产业未来的发展趋势，为未来的发展预留足够的生存和发展空间。

除了已颁布的监管措施，中国人民银行金融研究所在《新金融时代》一书中，提出了如下的监管建议，具有较好的参考意义：

(1) 制定针对第三方支付机构的评级制度

目前国家对于第三方支付采取颁发牌照的方式进行准入，但是我国目前没有统一有效的信用评级制度，获得牌照的第三方支付机构仍然是鱼龙混杂，这在一定程度上导致了信用风险的增加。因此，监管机构在制定市场准入准则的同时，在掌握大量可靠数据的基础上规范信用评级势在必行。信用评级可以使消费者对于机构有一个基本的认识，同时使得机构对于客户有所了解，一定程度上缓解了由于信息不对称导致的一系列问题，使得市场的发展更加透明化、规范化。如果国家权威部门能针对第三方支付机构建立相应的评级标准，就能对于持有牌照的第三方支付机构有一个科学的了解，在缓解信息不对称问题的同时有利于规范第三方支付行业的规范发展，促使第三方支付机构自身不断改进技术、提高服务质量，从而降低信用风险。

(2) 强化支付机构的公司治理

一是建立健全公司法人治理组织架构。支付机构应按照《中华人民共和国公司法》和公司治理相关法规、政策的要求，建立包括股东会、董事会、监事会和高级管理层在内的组织架构，完善公司治理结构。

二是加强对控股股东行为的约束。支付机构的公司治理应当体现支付机构独立运作的原则，支付机构应在法律、行政法规、监管机构的规定及自律组织规则允许的范围内，依法独立开展业务，自主决策，不受他人干预。支付机构的股东应当尊重支付机构的独立性。

三是禁止支付机构与关联方从事不正当关联交易。支付机构不得为股东、实际控制人、董事、监事、高级管理人员等提供融资、担保及进行不正当关联交易。支付机构在审议重大关联交易事项时,应聘请中介机构就重大关联交易的公允性和合法性出具意见。

四是追究恶意股东的责任。针对支付机构可能发生股东抽逃或者变相抽逃出资、以关联方交易等形式占有或者转移公司资产,然后利用支付机构有限责任公司的性质,申请公司破产,以逃避债务,危害机构安全经营的违法行为,应采用公司法人人格否认制度。根据《中华人民共和国公司法》相关规定,"公司股东滥用公司法人独立地位和股东有限责任,逃避债务,严重损害公司债权人利益的,应当对公司债务承担连带责任"。

(3) 深化反洗钱管理

第一,要做好客户身份识别与持续关注。一是要建立有效的初次识别措施。从实践中看,完善、有效的客户身份识别措施,不仅可以有效地防止客户账户被不法分子利用作为洗钱渠道,同时也有利于有关部门后期调查时能掌握真实、完整的客户信息。在实际操作中,第三方支付机构在初次识别客户时要加大对客户信息真实性的审核力度,综合运用技术手段、信息网访等方式,尽可能采取措施做到面对面审核。二是要开展客户身份持续识别。鉴于第三方支付机构初审客户真实性存在的现实难度,对客户持续识别就显得尤为重要,第三方支付机构应持续关注客户身份,尽可能多地获得客户(特别是特约商户)的身份背景信息,如关注其出售的商品是否与营业执照上的经营范围相符,营业额是否远远高于同类商户等等。三是要建立同名账户绑定操作。鉴于第三方支付业务的特殊性,身份识别工作可依托银行机构进行,如规定客户与第三方支付虚拟账户绑定的银行结算账户必须是本人账户,同时规定取消交易时资金必须返回至原账户,这样可以有效避免非实名开户,同时也可以规避利用取消交易等操作转移资金。四是要实行客户分类监管。第三方支付机构应建立客户风险等级划分制度,按照客户所处的地域和行业、从事的业务、身份证件等特点和交易特征,制定客户风险等级划分标准,评定客户风险等级。根据风险等级高低进行分类监管,可有效减少对正常客户身份识别及资金监测的压力。

第二,注重开展可疑交易报告与分析。第三方支付机构上报的可疑交易是发现通过第三方支付机构清洗非法资金线索的主要来源。由于第三方支付机构业务存在的差异性，各支付机构需要根据自身客户的特征和交易特点，自行制定和完善符合本机构业务特点的可疑交易标准，但以下三种业务模式值得第三方支付机构进行重点关注：一是要关注通过银行账户向支付机构账户的充值。该业务的可疑关注点主要是，充值资金是用于消费还是用于转账提款；充值资金额度、频次是否有违正常交易；充值金额是否可疑；是否存在多笔充值、一笔提款等可疑操作；是否存在长期闲置账户的短期大量充值；账户所有人及相关人员的身份是否存在可疑，等等。二是要关注通过非银行账户进行的互联网支付。该项业务的可疑关注点主要是，付款方是否有意购买易变现产品，且付款金额存在可疑迹象；付款方是否存在撤销交易或退款之后账户提现的行为，收款方是否存在与其经营业务不符的交易行为，如非正常的经营时间、非合理的商品金额、非合理的营业额等。三是要关注通过银行账户进行的互联网支付。该项业务的可疑关注点主要是，付款方是否有意购买易变现产品，且金额存在可疑迹象；付款方是否存在可疑的消费行为，如短期内在同一网络之间互连的协议（Internet Protocol，IP）大量交易等；收款方是否存在与其经营业务不符的交易行为，如非正常的经营时间、非合理的商品金额、非合理的营业额等。

第三，增强反洗钱意识，加强对业务人员的管理培训。一是内部约束。第三方交付机构要深刻认识到反洗钱工作的重要性，要站在机构做大做强、品牌建立和长远发展的战略角度看待反洗钱工作。从思想上提高重视程度，建立相应的考核激励机制；在业务上加大内部反洗钱专业知识的培训力度，培育企业各层级工作人员的反洗钱意识，提高其业务能力，推动反洗钱工作系统化开展。二是外部监管。《支付机构反洗钱和反恐怖融资管理办法》的出台为中央银行对支付机构开展反洗钱监管提供了依据。中国人民银行要加大对第三方支付机构反洗钱工作的监管力度，对存量遗留问题要提出限期整改要求，适时开展反洗钱现场检查，做到指导和处罚相结合，增强监管的有效性和威慑力。同时，由于第三方支付业务发展迅速，中国人民银行作为监管部门要与时俱进，对监管要求和规则进行不断完善。

（4）加强消费者保护机制

第三方支付机构掌握着大量客户信息，包括客户的隐私和商业数据，因此要加强对客户信息的保护。监管部门可考虑建立消费者举报机制。在支付交易的过程中，消费者最先了解到支付机构是否存在侵害客户支付便利权益、客户个人信息安全权益及客户资金安全权益等违法行为，且对于市场中部分未获许可但仍开展业务的非法机构，消费者也可以从支付交易过程中掌握相关信息。因此，建立消费者举报机制，引导消费者充分利用举报权利，积极举报非法机构的违法行为，让非法机构及其违法交易行为无处藏身，对于督促支付机构遵守行业规范、树立行业良好形象、自觉接受社会各界的监督、促进第三方支付行业持续健康发展具有重要意义。

第六章

股权投资与互联网的融合

互联网股权众筹是股权融资与互联网融合的有益尝试。股权众筹是指项目发起人出让企业的一部分股权，投资者按照约定的条件提供资金并换取股权，分享企业经营的效益。相较传统借助PE、VC方等股权融资，互联网股权众筹因投资门槛较低，更能细化股权及汇集社会零散资金，在降低融资人融资成本的同时，使大众也能享受到股权投资的高额回报。在传统股权融资中，由于信息传递不易，受众较少，而在当前的互联网时代，信息技术的进步使得各类数据能够得到充分的挖掘和交流，能大大降低信息成本和信息的不对称。众筹平台作为信息中介，可以通过构建应用场景，对数据作充分的积累、分析和传播等方式，跨越时间与地域的限制，随时向客户提供产品与服务，从而使股权投资的效率得到了极大的提高。

股权融资与互联网等新技术的融合过程，是“以客户为中心，以长尾人群为重点，以风险管理为核心，以应用场景为基础，以技术驱动为手段，以实现盈利为目标”的融合之道的又一集中体现。

第一节　互联网对传统股权投资的促进作用

股权投资是指投资于非上市公司股权，或者上市公司非公开交易股权的一种投资方式。从投资方式角度看，股权投资多是以私募形式对私有企业，即非上市企业进行的权益性投资，在交易实施过程中附带考虑了将来的退出机制，即通过上市、并购或管理层回购等方式，出售持股获利。

近年来，随着中国经济的迅速发展和金融体系的日益完善，股权融资作为企业一种新的融资方式，正在不断地发展壮大。它比银行贷款、发行债券等债权类融资更能契合企业发展初期所需要的资金需求，且能有效地帮助企业控制杠杆率，减轻债务负担。

在当前我国广泛存在的“小微企业融资难、融资贵”的现实情况下，有序发展股权融资，有利于为创业型企业提供宝贵的资金支持，保证我国经济在未来较长的时间内维持中高速增长，也有利于加快我国经济转型速度，增强我国经济在中长期内的竞争力、提高增长潜力。

在传统股权投资中，由于监管层对合格投资人有较为严格的财务实力限制，受众群体较小，仅集中于小部分富裕且掌握信息的特定人群，资金渠道单一。普通个人投资者被排除在初创企业股权投资之外，也无法分享初创企业的成长收益。

以互联网为代表的信息技术进步，使得各类数据能够得到充分的挖掘和交流，能大大降低信息不对称和信息获取成本，也间接降低了股权投资的门槛。与互联网结合后的股权投资向“公开、小额、大众”的方向发展。一方面，高成长的小微企业可在初创期借助众筹平台通过互联网直接融资，其融资渠道被有效拓宽，融资效率得以提高；另一方面，普通民众可以通过众筹平台直接参与初创企业的股权投资，与企业共担风险和共享收益，同时有机会享受超额投资回报。由此可见，互联网对传统股权投资的业务边界进行了有效扩展，提升了其运行效率，对有效促进金融公平、推动普惠金融发展、增进社会公平感，具有重大的社会价值。

第二节 互联网众筹简介

一、由小众到大众

“众筹”，顾名思义，就是向公众筹集资金的意思。国外常用“Crowd Funding”来描述这一行为，指的是在一定的组织之下，由公众集体对一些项目或行为进行投资。在国外，众筹最早主要集中于艺术、文学和宗教领域，18世纪很多艺术家采取订购的方式筹集资金，作品完成后，订购者会获得一本有作者签名的艺术品，或参观作者的艺术表演。在国内更有唐代海通法师募资建造乐山大佛的典故。由于信息传播技术的限制，这些活动通常在小范围内进行，主要依赖发起人个人的信誉与威望，无论规模还是社会影响力都相当有限。比如莫扎特曾想要在维也纳音乐大厅表演其谱写的钢琴协奏曲，当时他去邀请一些潜在的支持者，但寻求赞助的工作并未一次性成功。直到一年以后，第二次“众筹”后募集的资金才让他完成了这一愿望。而中国乐山大佛的建造更历时90年、三代人。

进入现代，随着互联网技术兴起，信息以低成本、跨越时间与空间限制的方式进行传播成为现实，筹资方可以通过互联网向大众介绍自身的筹资需求，描述自己的项目，大众可以根据情况选择项目进行小额的投资并获得一定的报酬。世界上最早建立的众筹网站是美国的ArtistShare，于2001年开始运营，被称为“众筹金融的先锋”，主要帮助艺术家通过该网站寻找粉丝资助自己的项目，粉丝们可以获得艺术家仅在互联网上销售的专辑，艺术家也可以获得更加满意的收入。粉丝们甚至可以观看艺术家的创作过程。随后一些为企业和个人提供众筹服务的网站开始出现，比如综合类众筹平台IndieGoGo，和创意方案众筹网站平台Kickstarter等。互联网众筹越来越快地成为一种商业模式，2012年美国颁布的《促进创业企业融资法案》(Jumpstart Our Business Startups Act，JOBS)使众筹行为合法，更是互联网众筹模式的标志性确立事件。所以概括地说，互联网众筹是利用互联网将公众资源通过金融活动进行整合而实现价值创造的过程。其中主要有三个参与方：筹资人、平台运营方和投资人。筹资人就是项目发起人，在众筹网络平台（以下简称众筹平台）上创建项目，介绍自己的产品、创意或需求，设定筹资期限、筹资模式、筹资金额和预期收益等；平台运营方就是众筹网站，负责审核、展示筹资人创建的项目，提供信息服务支持；投资人则通过浏览平台上的各种项目，选择适合的投资目标进行投资。

二、由单一到多元

与传统单一目的的众筹不同，随着众筹参与人的几何级增长，各方的诉求更加多元，根据融资人对出资人的回报类型，可将互联网众筹分类为捐赠众筹、商品众筹、债权众筹和股权众筹四大类。

1. 捐赠众筹

捐赠众筹（Donate-based Crowd Funding）是一种单方面的赠予式的投资，投资人并不向融资人索取物质回报。投资人更多地是希望能实现某些精神愿望，或参与一些公益活动。比较著名的众筹平台有美国的 YouCaring 和国内的腾讯公益等。

2. 商品众筹

商品众筹（Commodity-based Crowd Funding），是筹资人针对某一特定商品、项目或创意发起的融资，并在项目完成后给予投资人一定形式的商品或服务的筹资模式，回馈品大多是项目完成后的产品或服务。比如，投资人对于某个电影项目进行投资，在电影拍摄过程或拍摄结束可以播放时，电影项目的筹资人会向投资人提供一些相关的服务，比如参加演员见面活动，或向投资人提供电影票等。

3. 债权众筹

债权众筹（Lending-based Crowd Funding）是筹资人以债务形式向投资者募集资金，以完成项目或开展经营实体的运营，投资者在未来以利息方式获得收益并在约定的时间收回本金。

4. 股权众筹

股权众筹（Equity-based Crowd Funding）是投资者向项目投入资金

后可以得到项目或运营实体的股份，或股权性质的衍生品的筹资方式。在所有众筹模式中，股权众筹的风险最大，对投资者和融资者素质的要求也最高，相关融资流程也最为复杂。该种模式将是本章随后分析的重点。

三、由跟随到自主

尽管第一家互联网众筹公司出现在美国，但 2011 年 7 月国内第一家众筹平台“点名时间”上线，也标志着我国互联网众筹的开端。2013 年 12 月，淘宝的众筹平台（淘宝众筹平台成立时的名字为“淘星愿”，后经两次改名最终定名为“淘宝众筹”）成立，2014 年 7 月，京东众筹上线。这些大平台的上线代表了国内众筹行业的开始。

1. 众筹平台数量

据不完全统计，截至 2015 年 12 月底，全国共有 354 家众筹平台，正常运营的众筹平台有 303 家。自 2011 年第一家众筹平台“点名时间”诞生，到 2012 年新增 6 家，再到 2013 年新增 27 家，众筹平台的数量增长较为缓慢。而至 2014 年，随着互联网金融概念的爆发，众筹平台的数量显著增长，新增运营平台 142 家，2015 年新增 125 家，众筹平台新上线速度有所下降。在新平台不断上线的同时，一些老平台因运营不善而停止运营，截至 2015 年 12

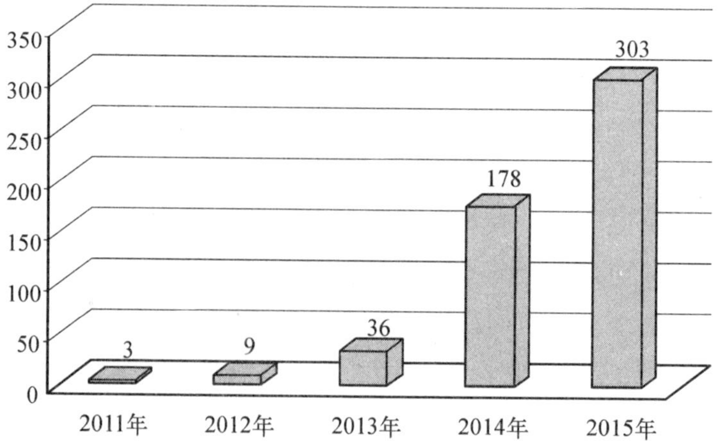

图 6－1　2011—2015 年我国正常运营的众筹平台数量

月份停止运营的众筹平台达32家,其中2014年上线的平台倒闭最多,达17家,而2013年成立的平台停止运营的概率最高,高达34.48%。

2. 各类型众筹平台占比分布

正常运营的众筹平台中,股权众筹平台数量最多,达121家,占全国总运营平台数量的39.93%,其次为商品众筹平台为104家,纯公益众筹平台最少,仅有5家。

3. 众筹平台的地区分布

截至2015年12月,全国众筹平台分布在21个省份,其中北京作为众筹行业的开拓地,平台聚集效应较为明显,以63家平台数位居第一,广东以61家平台数位居第二,上海以40家平台数位居第三,浙江以17家平台数排在第四,江苏以11家平台数位列第五。从全国众筹平台的地域分布中可以看出,平台多集中于沿海地区,京津冀、长三角、珠三角地区成为众筹平台集聚中心,这与各地互联网金融发展程度、社会认知度、配套设施、投融资环境、创业氛围有很大的关系。

第三节　互联网股权众筹概述

一、互联网股权众筹的概念

1. "公开、小额"的众筹

股权众筹(Securities-based Crowd Funding)融资模式起源于美国,与其他众筹相比,风险更高、期限更长。为了与传统的股权融资更好地区别,突出可能最受益于互联网股权众筹的群体,本书介绍的互联网股权众筹融资主要聚焦于初创型企业的股权融资。

2. 特征

就目前而言,中国人民银行等十部门发布的《关于促进互联网金融健康发展的指导意见》被视作股权众筹的纲领性文件,该文件首次提出了股权众筹"公开、小额"的基本特征。此外,证监会在《关于对通过互联网开展股权融资活动的机构进行专项检查的通知》中也明确指出，股权众筹具有“公开、小额、大众”的特征。

3. 运行的主体架构

股权众筹运营过程中至少有项目融资人（创业者）、公众投资人和众筹平台三个主体，部分还会涉及资金托管机构。

（1）项目融资人

项目融资人指在众筹平台上发起项目，希望获得公众认可和投资支持的人或企业。在互联网股权众筹融资中，这些融资人绝大多数是小微企业的创业者。

（2）投资人

在互联网股权众筹融资中，很多投资人本来是互联网的用户，不一定具备一般风险投资人具备的专业能力，往往是凭兴趣对一些项目进行投资。但正如前文所言，股权众筹的风险最高，因此众筹平台仍有必要对投资者进行适当性管理。

（3）众筹平台

众筹平台是互联网股权众筹融资流程中最重要的媒介。融资方通过平台进行项目的发布、募集资金、支付收益。投资者通过平台浏览项目，投出资金、了解项目投后进展。平台对融资项目进行风险分级，对投资者风险承受力进行分类，通过信息披露、匹配规则和投资者教育等方式作好投资者适当性管理，同时还为投融双方提供如财务、技术、法律、交易等多种支持服务。因此，众筹平台的责任重大。

（4）资金托管机构

为了确保投资人的资金不被挪用，需要引入合格的资金托管机构为大众投资人的资金进行托管、支付等管理，为投资者的资金安全提供保障。

二、专业、普通投资人的合作

在其他金融业态中，专业与普通投资人各有不同的投资范围，而在互联网股权众筹中，由于投资人数更多，投资资金更分散，实践中一般采取合投模式，即专业人士领投+普通投资人跟投模式，如果项目融资人能直接参与

领投且在投资份额和持股锁定期上有一定的承诺,这样效果会更好。具体有以下四种模式:

一是有限合伙模式。首先根据投资人人数决定设立合伙体的人数,由最多不超过50个人为一组设立一个合伙体,然后以该有限合伙体为投资主体直接投资于融资的项目公司,成为其股东。其中具有丰富投资经验的投资者成为普通合伙人(General Partner,GP),其他投资者成为有限合伙人(Limited Partner,LP)。目前股权众筹多数采用此模式。

这种模式的好处在于,一方面众多的非专业个人投资者可以通过合投降低投资额度,分散投资风险,并能像传统股权风险投资一样获得投资收益;另一方面也免去了这些跟投人审核和挑选项目的成本,并且通过专业投资人的领投,也降低了投资风险。同时与传统的VC的LP不同,跟投人并不需要向领投人交管理费,降低了投资成本。

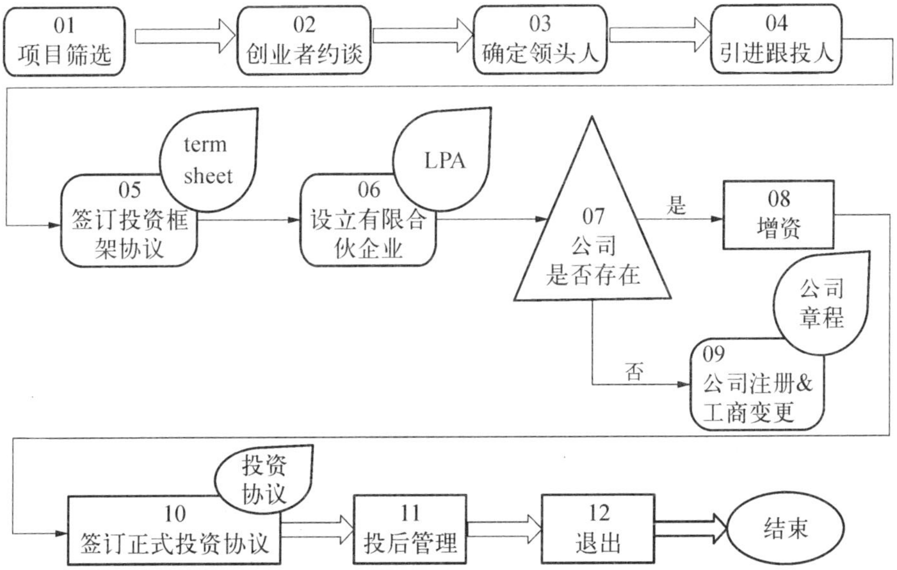

图6-2 股权众筹有限合伙模式的运作流程

二是代持模式。在众多投资人中选取少数投资人,由其与其他投资人签订股权代持协议,由这些少数投资人成为被投项目公司的登记股东。此模式不用设立有限合伙实体,但涉及人数众多时,股权代持易产生纠纷。

三是契约基金模式。与有限合伙模式相比,契约型基金模式不是设立有限合伙实体,而是由基金管理公司发起设立契约型基金,基金管理公司作为管理人与其他投资人签订契约型投资合同,然后由该公司直接作为投资主体投资于项目公司成为其股东。此模式相比有限合伙模式,操作更为简便。

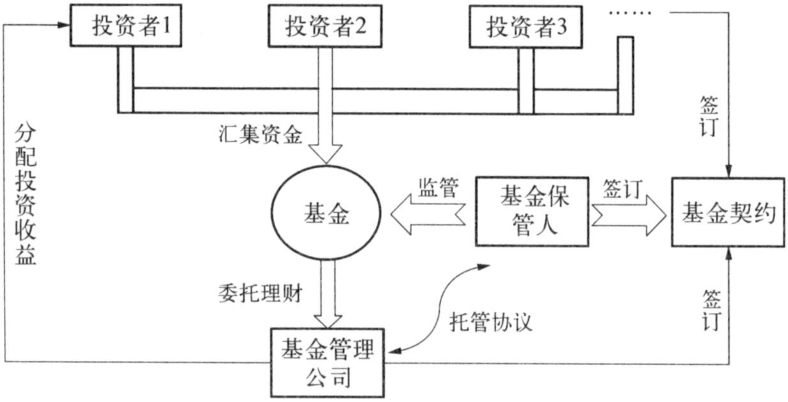

图 6-3 股权众筹契约基金模式的运作流程

四是公司模式。由投资人设立一家特殊目的公司(Special Purpose Vehicle,SPV),再由该公司作为投资主体投资于拟融资项目的公司并成为其股东。此种类型由于成本高、操作不便,且涉及双重征税,故较少被采用。

三、中立、参与的平台

互联网股权众筹的盈利模式一直是行业之痛,由于股权投资的特殊性和股权众筹业务规模目前仍有限,导致现在绝大部分股权众筹平台仍然很难实现盈利。目前市场上主流的模式有以下两种:

第一种,中立模式。平台向融资成功的融资者收取费用,通常是按融资金额的一定比例,1%—5%不等。在中介功能之外,众筹平台向投融双方提供财务、技术、法律等多项有偿增值服务。尽管拓展了平台的收入来源,增加了平台收入的稳定性,但同时也对平台的服务能力提出了更高要求,平台的成本也会随之增加。

第二种，参与模式。与中立模式不同，在此模式下，众筹平台以获得融资项目的部分股权的方式参与股权融资活动。在这种模式下，平台收入来源更加多元，但对于初创型公司而言，其股权价值难以有效衡量，平台收入的稳定性难以保证，独立性也易受到挑战。

四、市场、资本的助力

一个发展良好的互联网股权众筹市场在本质上是主板市场、中小板市场、创业板市场、新三板市场和区域性股权交易市场的自然延伸，是中国多层次资本市场的重要组成部分，未来有望成为我国的新五板市场。随着众筹项目增加，股权众筹有望培养出越来越多的创新型公司，为我国新三板以上的公募交易市场输入优质的上市公司资源。股权众筹融资作为新型融资方式，符合金融业发展潮流，有利于优化我国金融市场结构，降低间接融资过度发展导致的金融风险过度向商业银行体系聚集，引导资金流入中小企业，推动我国中小企业和技术创新型企业成长壮大。

当前我国已经建立起多层次的资本市场体系。主板市场是一板市场，在上海证券交易所挂牌交易，服务对象主要是大型企业，挂牌上市的单个企业募集资金规模达到 10 亿元级别，一些特大型国有企业上市融资规模甚至达到上百亿元。

创业板和中小板市场是二板市场，在深圳证券交易所挂牌交易，服务对象是中型企业，企业初始首次公开募股（IPO）时融资规模能达到 5 亿元以上。

经过三十多年的发展，我国一板市场和二板市场逐渐成熟，沪深股市挂牌交易的企业数量超过 2 500 家，并且这两个市场都向全体投资者开放，成为企业融资发展、全民参与获取股权财富的重要渠道。

新三板市场全称为全国中小企业股份转让系统，是国务院批准设立的全国性证券交易场所。早期的新三板市场是为中关村科技园区内的非上市股份公司代办股份转让。2012 年 9 月，全国中小企业股份转让系统成立，2013 年 1 月 16 日正式开始运行。全国中小企业股份转让系统向全国各高科技园区的企业开放，截至 2016 年底，新三板市场挂牌企业总数已经超过

10 000家，服务对象以机构投资者和高净值个人投资者为主，明确规定个人投资者持有证券资产市值要超过人民币500万元。

新四板市场是各地区性的股权市场，主要服务于地方辖区内的企业股权转让和交易。

互联网股权众筹市场将是当前我国多层次资本市场的自然延伸，其服务对象主要是我国未能进入前四板市场的小微型创新企业，因此我们将其定位为新五板市场。新五板市场和其他多层次资本市场之间没有明显的等级区分，未来如果新五板企业成长壮大，可以直接对接新三板，乃至中小板和创业板市场，而不是必须进入新四板市场。这样，我国资本市场就形成了覆盖大型企业、中型企业、科技创新企业以及小微企业的股权融资市场体系，能满足不同规模企业的股权融资需求，降低企业融资成本。特别是新五板股权融资市场体系，由于小微企业数量庞大，即便是1%的企业成长为中型企业，这1%的企业最终成长为大型企业，也将为我国经济发展注入强大动力。现阶段，发展互联网股权众筹有利于增加资本来源，从而为以下活动提供支持：

1. 为创业和创新提供支持

随着经济增长速度逐步放缓，我国依托传统经济增长模式发展经济的空间已经越来越小。产能过剩成为我国经济中亟待解决的问题。我国经济体系的总体活力有待进一步激发，在全球市场分工中的地位有待进一步提高，而新技术应用对就业岗位的替代，也使我国在未来较长一段时间内的就业形势不容乐观。为此，培育市场主体的创业创新意识，加速创新型企业发展，已经成为中长期内保持我国经济持续较快发展的必然选择。2015年以来，在各级政府推动下，“大众创新、万众创业”已经逐步成为社会共识。在当前小微企业“融资难、融资贵”的现实情况下，有序发展股权众筹融资，有利于为创业创新型企业提供宝贵的资金支持，在微观层面促进创业创新型企业快速发展壮大，在宏观层面不仅有利于促进资本形成，维持我国经济在未来较长时间内的中高速增长，也有利于加快我国经济转型，增强经济的竞争力。

2. 为普惠金融的发展提供助力

在传统的融资体系中，一方面，由于高门槛和信息不对称等因素，普通个人投资者被排除在初创企业股权投资之外，也无法分享初创企业的成长收益。另一方面，初创企业融资渠道单一，最多获得风险投资的支持，且成功的概率较低。因此具有普惠性质的互联网金融的发展为缓解小微企业融资难提供了一条新途径。2013 年 8 月，国务院办公厅发布的《关于金融支持小微企业发展的实施意见》指出，要"充分利用互联网等新技术、新工具，不断创新网络金融服务模式"。股权众筹作为互联网金融的核心模式之一，是一种依托众筹平台、针对高成长的小微企业，在其初创期提供独立于传统金融体系之外的一种新兴投融资形式，其最大的创新在于完全打破了传统证券融资的体系和流程，普通民众可以通过众筹平台直接参与初创企业的股权投资，与企业共担风险和共享收益。同样，初创企业借助众筹平台通过互联网直接融资，其融资渠道被有效拓宽，融资成功率有望提高。由此可见，股权众筹对有效促进金融公平、推动普惠金融发展、增进社会公平感，具有重大的社会价值。

3. 为企业"去杠杆"提供工具

根据中国社科院"国家金融与发展实验室（National Institution for Finance & Development，NIFD）"的研究报告，截至 2015 年底，我国债务总额为 168.48 万亿元，全社会杠杆率为 249%。其中，非金融企业部门的问题最为突出，其债务率高达 131%。近年来，受四万亿投资经济的刺激，在 2008 年至 2015 年短短的七年间，中国非金融企业债务占 GDP 的比重从当年的 98.7%上升至 2015 年年底的 131%，上升的幅度十分迅速。

企业杠杆比率持续上升而利润增速持续下滑，意味着我国企业依靠传统的增加杠杆，依托资产负债表实现高速增长的模式已经走到尽头。高负债率削弱了企业的净资本回报率，减少了实体经济发展的后劲，使我国企业发展环境不断恶化。同时，高杠杆率还意味着企业经营风险过度向商业银行体系集中，增加了我国金融体系潜在的风险。因此，加快降低我国企业的杠杆比率不仅关系到企业经营绩效，也关系到我国金融体系的稳定，关系到我国经济发展的持久潜力。

股权众筹可以帮助企业从股权层面获得发展的必要资金，同时减轻负债压力，降低企业经营杠杆，是当前我国多层次资本市场的自然延伸。

4. 为形成创新传统激发民众动力

一般而言，创业者在创业初期融资较为困难，他们虽然拥有很好的商业思路，但商业计划和融资需求只能在行业内的天使投资人和风险投资等圈子里小范围传播。受困于融资渠道的匮乏和高额的融资成本，许多创业项目在吸引到资金前就已经夭折。而股权众筹可以通过互联网技术，使创业者以更加迅速、直接和社会化的融资方式获得资金支持，既能拓宽创业者的融资渠道、有效解决初创企业"融资难"的困扰，也为普通投资者提供了参与创业投资、享受超额回报的机会。综上，股权众筹能明显改善创业环境和培育创业氛围，有助于造就一大批新的创业企业家，进而逐渐构建一个创新创业的良性循环生态。

五、引导、限制的平衡

互联网股权众筹是一种金融行为，金融的本质是风险，在引导其发展的同时，仍然需要一定程度的限制进行平衡。以互联网股权众筹发展较为活跃的英国为例：

在股权众筹开始之前，普通大众只能购买公司上市后公开发行的股票，而参与股权众筹相当于购买未公开发行的股票，这对于普通大众而言，具有一定的门槛。然而在英国，这种投资人受限的状况在 2014 年 4 月被完全打破。英国的股权众筹平台允许大众参与投资初创企业，真正体现了互联网股权众筹的创新精神。

英国在 2014 年 4 月出台了关于股权众筹的法律，基本完成了股权众筹的法律建设。新颁布的法律明确降低了投资者门槛，使普通百姓也能参与其中。其中，参与股权众筹的投资者分为六类：① 专业投资者；② 接受专业意见的投资者；③ 风险投资者；④ 认定的或自我认定的高级投资者：要求在 2 年内至少投资过一个非上市公司或者是天使投资人组织成员时间超过 6 个月；⑤ 高净值人群；⑥ 普通投资者：投资金额不超过投资总额的 10%。

除了规定投资者,英国金融市场行为监管局还提议股权众筹平台需要确定投资者了解投资风险,一般平台采取调查问卷的方式来保证这一点。虽然对前五类股权众筹的参与者都具有很高的要求,但是第六类“普通投资者”明显是指普通大众。法律的出台使股权众筹平台摆脱了“非法”的帽子,并且基本可以覆盖所有人群,满足了“草根”投资的愿望,同时调查问卷又兼顾到了投资风险。

自此以后,股权众筹得以在英国迅速发展,也诞生了一批具有代表性的企业,其中 Seedrs 和 Crowdcube 是最具代表性的两家股权众筹平台。

Seedrs 是英国第一家被 FCA 批准的股权众筹平台,也是世界范围内第一批获得当地金融监管机构批准的股权众筹平台之一,对于股权众筹行业具有里程碑式的意义。作为后起之秀的 Seedrs 的成交量虽然仅为 Crowdcube 的五分之一,但是发展迅速,成交额基本每半年翻一番到两番。据公司报告显示,2016 年来自全球 65 个国家的投资者在 Seedrs 产生了超过 45 000 笔的众筹投资,总投资金额超过 8 500 万英镑。平均每笔投资金额为 1 902 英镑。众筹成功的项目总计 159 个,平均每个项目有 200 位投资者。

在 Seedrs 平台上的项目融资过程和 Crowdcube 基本类似,最大的不同在于融后管理的代理人制度,因此称之为“管家式”平台。在公司达到融资的目标金额后,投资人可以选择是否由 Seedrs 代理股权管理,由 Seedrs 代替投资者通过和创始企业签订协议,力争保护投资者的一些相关权益。

Crowdcube 诞生于 2011 年 2 月英国艾克赛特大学(Exeter University)的创业中心,由企业家 Darren Westlake 和 Luke Lang 创立。Crowdcube 的融资方式为固定融资模式(All or Nothing),即企业若在规定时间内没有达到一定的额度,那么企业融资失败,资金返还给投资者,不收取任何费用;当达到目标金额后,Crowdcube 和律师事务所合作,与企业签订相关协议,帮助企业以及企业顾问律师设计相关有法律效力的文件,并和投资者确认投资金额。资金由第三方支付平台转账到公司账户,待投资者收到股权证明书后,整个融资过程完成。在项目融资成功后,Crowdcube 会向融资者收取手续费。至于后续的分红以及股权回报并不在 Crowdcube 的服务范围之内。

根据法律要求，在项目展示时 Crowdcube 不会通过收取广告费把某个项目置顶或者放在醒目位置。Crowdcube 规定投资者出资金额最少 10 英镑，无最大限制。其平均投资金额为 2 500 英镑，大概为英国人均年收入的 10%。

第四节　互联网股权众筹的成功要素

一、内功深厚的平台

1. 股权众筹平台应具备强大的信息服务能力

在互联网时代，信息技术的进步使得各类数据能够得到充分的挖掘和交流，能大大降低信息成本和信息的不对称。股权众筹平台作为信息中介，应积极构建应用场景，多维度地获取数据，把握投融资者的行为、资金流动和交易等动态信息，对数据作充分的积累和分析，将数据资源转化成竞争优势，随时向客户提供其想要的产品与服务。

2. 股权众筹平台应具备挑选优质项目的能力

如果将股权众筹平台看作是一种特殊的电商平台，则该平台销售的商品为初创型公司的股权等金融产品。股权众筹平台产品质量的保证需要平台团队具备挖掘好项目的能力，平台须依靠自身的竞争力，在众多外部的项目中找出有发展潜力、高增长且有价值的好项目。在判别一个股权众筹项目是否属于好项目时，股权众筹平台可以从以下几个维度进行识别：

（1）融资项目是否属于政府着重培养的未来支持型产业，是否已是夕阳型或受政府限制发展的产业。

（2）融资项目是否有商业可行性。不是所有的创新都具有商业可行性，对于股权众筹融资项目而言，投资人更多的是希望获得商业回报。对于具有重大社会意义的项目，可能更有赖于非营利性机构或政府的投入。

（3）创业团队。创业团队应具备管理、技术、市场、财务和法律等方面知识，骨干成员还应具有创业经验与良好的职业操守。

(4) 创业项目的股权估值。对于不同行业的公司,甚至同一家创业公司在其发展的不同阶段,股权估值的方法都可能会有较大差异,众筹平台在受理融资公司的申请时,应评估其估值方法是否合理。

总体而言,众筹平台有责任把好项目准入,不仅应对融资项目的真实性进行调查,还应从上述角度对项目进行审核及筛选,淘汰虚假、可行性极低的项目,不能与融资方有不正当的利益捆绑。平台的声誉和口碑将决定平台的长远发展。

3. 股权众筹平台应具备充分的投资者权益保障机制

投资者是股权众筹平台的重要一端,众筹平台通过提供良好、诚信的服务,维护好投资者的合法权益可以吸引更多的投资人与资金,从而增加平台的成交规模,进一步吸引更多项目的入驻,不断提高优质项目比率,并再吸引更多投资人,从而形成一个不断扩大的正循环。为了保障投资者的利益,平台可以采取以下措施:

(1) 严格进行投资人适当性管理。一方面平台应对项目作充分的信息披露,另一方面平台应对投资者的风险承受力作出评估,设置投资人的注册及认证门槛,做好项目与投资人的匹配。如果平台为了盲目追求投资人的数量而降低标准,这不仅与股权众筹监管的政策法规不相符,而且也会大大降低对具有领投能力的投资人或投资机构入驻平台的吸引力;同时,如果投资人缺乏投资经验和风险意识较低,一旦项目出现投资风险,就很可能会引发纠纷,影响到平台的发展。因此,平台应通过投资人适当性管理,将合适的产品卖给合适的人。

(2) 严格执行第三方资金托管。为了确保投资者的资金安全、不被挪用,股权众筹平台应寻找具备良好信誉的金融机构提供资金第三方托管及结算服务。

(3) 严格监督融资人对资金的使用。投资者往往出于对特定项目的信任而投出资金,因此必须确保融资方将资金真正用于相关的项目。股权众筹平台可以通过与项目融资方开立共管账户、约定具体的资金划付的前提条件、要求项目融资方提供资金使用凭据等方式对融资方资金实际使用的情况进行全程监督。当发现融资方资金去向不明,或明显违背约定时,平台有权利，也有义务通知投资人并及时采取有效措施防范风险。

4. 股权众筹平台应建立并披露运营制度

一套被投融双方认可的运营制度不仅是众筹平台持续稳健运行的制度保障，也是确认相关各方权利和义务的标尺。因此，众筹平台应当在事前就建立明确的运营制度，并予以充分披露和严格执行。股权众筹平台的运营制度应当包括以下几个部分：

（1）平台管理制度。应明确地规定众筹平台的经营宗旨、法律主体、产品或服务内容、制度适用范围、各方权利及义务、收费标准、违约责任、保密约定等主要内容。

（2）投资人管理制度。应明确地规定投资人准入标准、投资流程、获取收益流程、合同文本、违约责任等主要内容。

（3）融资人管理制度。应明确地规定融资人与融资项目的准入标准、申请流程、项目上线流程、资金募集流程、项目失败退款流程、投后信息披露流程、向投资人支付收益流程、合同文本、违约责任等内容。

二、求真务实的融资人

互联网股权众筹并未改变融资的实质，因此项目融资人仍和传统融资一样，需要向投资人披露项目计划书。不同的是，互联网股权众筹的投资人范围更为广泛，专业水平程度差距更大，风险承受能力更为不同。因此融资人在信息披露方面需更加完整、更加规范。在发起股权众筹之前，融资人应该了解投资者判断一家初创企业前景的核心因素，站在投资者的立场上思考，才能更好地展示项目，更有效地吸引投资，通常可以从以下七个方面来考虑：

1. 项目核心价值

为提高股权众筹的成功率，项目融资人必须深入挖掘项目闪光点，如其在同类项目中的优势，或在解决行业痛点方面的有效性等，从而展示项目的可信度、成长性和未来潜力。

2. 管理团队素养

对于亟待融资的初创公司来说，与投资人建立彼此尊重和信任的关系具有非常大的帮助,投资人相信一个具有高度专业水平和良好职业道德的管理团队更能带领企业走向成功。因此通过有效地展示管理团队成员的信息有助于和投资者之间建立互信关系。

3. 明确的财务规划

初创企业需要建立一个合理的财务计划,提供详细的收入和支出预计,在支出和未来收入目标之间建立一个清晰的联系,这样投资者才能更加放心地进行投资。

4. 可行的融资额目标和募资期限

融资公司除了确定拟融资额度和拟出让股份外,还需要定义众筹行为成功的融资目标范围,避免金额过高或过低对投资人利益的损害。股权众筹直接面向大众,难以事先预估筹资结果,最终的融资额有可能低于融资目标,也有可能超过融资目标。因此需要说明在融资额低于融资目标的情况下,达到融资目标的多少比例是可接受范围,低于多少比例视为募资失败,这些需要在开展股权众筹时予以说明。同时还需要说明在募资时间到期而募资额未完成的情况下,是否延长募资时间,延长的时间为多久等内容。

5. 明确对领投人和跟投人的要求

目前通过股权众筹入股项目公司的方式主要是由全部投资人共同成立一个合伙企业,该合伙企业持有项目方的股权,并指定特定合伙人代表加入项目公司董事会等决策机构,行使投资方的投后管理权利。这样的合伙人一般都是领投人,通常是相关行业的专家、资深投资人或上下游产业公司主要负责人等。除此之外,对领投人的认筹比例也可以设定一个最低限额。除领投人之外的其余投资人被称为跟投人,我国《合伙企业法》规定,有限合伙企业由 2 个以上、50 个以下合伙人设立。在实务中,融资方会事先设定投资者人数的大致范围和每位投资者可以认筹的额度范围。例如,对于涉及高、精、尖技术的项目,融资方可以将每份认筹额设定得更高,吸引具备更高专业能力与投资实力的投资者加入。

6. 首批认筹的投资人的权益

投资人在选择投资股权众筹项目时,除了财务目标外,有时也因为自身对相关融资项目有着高度的兴趣，如科技、艺术类项目等。他们一般会带着极高的积极性参与项目，成为项目的前期客户或者VIP客户，甚至可能提供关键的资源，这是股权众筹除了筹措资金之外另一个极有帮助的作用。因此，如何有效地运用资源，给予首批投资人特定权益，吸引目标人群的兴趣也是推荐众筹产品时需要充分考虑的内容。

三、理性独立的投资人

投资者除了理性对待平台与筹资方提供的信息外，自身还应独立地对融资项目的行业前景进行分析，针对不同情况制定相应的投资策略。在判断上，既要重视行业前景，也要关注企业本质，投资人只有全面了解融资项目的商业模式、核心竞争力和市场壁垒，才能作出正确的投资决策。

1. 商业模式。商业模式是指企业提供哪些产品或服务，企业用什么途径或手段向谁收费来赚取商业利润。比如，制造业通过为客户提供何种实用功能的产品获取利润，销售企业通过何种销售方式（直销、批发、网购等商业模式）获取利润等。投资人进一步分析商业模式，可能会涉及企业所处的产业链的地位如何，与上下游的议价能力如何，行业受政策影响度等等，这些都决定了该商业模式的成功与否。

2. 核心竞争力。商业模式谁都可以模仿，但成功者永远是少数。优秀的融资公司关键是具备构筑商业模式相应的核心竞争力。核心竞争力的内容包括股东结构、领军人物、团队、研发、专业性、业务管理模式、信息技术应用、财务策略、发展历史等。

3. 市场进入壁垒。市场进入壁垒通常是指新进入企业与既有企业竞争过程中所面临的不利因素。常见的进入壁垒主要包括资本壁垒、技术壁垒和政策壁垒等。资本壁垒一般指因初期投资巨大而给新入者带来的进入门槛，比如钢铁汽车等重资产行业；技术壁垒指因无法及时掌握行业最新技术而给新入企业带来的竞争压力；政策壁垒通常指政府通过牌照或行政政策来限制行业新进入者，比如电信行业、航空行业等。

第五节　互联网股权众筹的风险和监管建议

一、永不落幕的风险

与传统股权众筹方式相比，互联网股权众筹的受众更广、金额更大、信息传播速度更快捷，因此对风险的评估应更为审慎与全面。

（一）投资风险

风险与收益，是投资活动中相伴相生的产物，只要参与了投资，就必然要承担某种程度的风险，这属于基本的商业常识。股权众筹作为一种投资渠道，也不可避免地附带着这类风险。

一是公司持续亏损。由于目标公司大多处于初创期，其发展前景不明朗、盈利能力无保障，所以投资者是否有回报就存在着高度的不确定性。

二是公司大股东利用控股地位侵害小股东权益。一般而言，股权众筹的投资者在公司中所占的股份比例都不高，创业团队是公司的实际控制人。公司发展、利润分配、收购合并等这类重大的议题几乎都由实际控制人决定，小股东如果与大股东意见相左，很难实现自己的主张。在现实中，长期不分红的有限责任公司甚至上市公司比比皆是，控股股东一方面通过出任管理层获取高额薪酬，另一方面又利用大股东地位左右股东会，导致长期不分红或只是象征性分红，使小股东们进退维谷、处境艰难。

三是股东退出机制不完善。如果是上市公司，股东的退出机制会比较顺畅，因为上市公司的股票可以在交易所自由交易，股东只需卖出股票即可。而在有限责任公司中，由于其闭合性的特点，股东要退出公司甚为不易。这是因为股东股权转让不仅受限于法律规定，而且受限于公司章程，所以有限公司股权流动性弱。上市公司股票可以通过交易所便利地交易，而有限公司股权交易有诸多不便，导致股权要么无人问津，要么折价转让。

四是公司估值不易确定。一家公司在初始成立时，各股东依出资比例享有公司相应的股权，股权比例清晰，一般不会存在争议。然而在公司成立后若面向投资者进行融资，融资金额占公司股权多大比例，是一个较难确定的问题。摆在投资者面前的问题是：如何确定公司估值？在公司估值的背后，实质上反映的是新增股东所占公司股权比例的问题，这是涉及股东权益的最根本所在。

五是众筹平台融资款项的管理。目前的众筹平台一般都把自己定义为中介平台，不参与实际的投融资活动。然而由于融资不确定性和时间差等原因，融资款总是会汇集到平台并且沉淀下来，平台实际上是作为管理人去管理、划拨相应的款项，在项目融资成功后，将相应的融资款划拨到目标公司，或是在项目融资失败后，将认缴款退回给相应的投资者等等，这都有赖于平台的业务水平、管理能力、风险控制等因素。

六是融资结束后的管理。从法理来讲，上市公司因其向社会公众募集资金因而具备公众属性，为公众利益考虑故而需接受监管部门的严格监管，以便最大限度地保护投资者的权益。然而通过股权众筹进行融资的公司并非上市公司，故不能适用《证券法》关于上市公司融资及监管的规定。在现实中，众筹平台对融资项目的管理受制于成本、专业、资质等因素，对于项目融资后，其资金运用是否合理、管理层是否尽勤勉义务、大股东是否滥用公司法人资格、公司盈利能力是否增强等方面难以进行有效的管理。

（二）操作风险

一是持股方式。目前众筹最具特点的环节是，投资者并不直接成为公司股东，而是协议成立有限合伙企业，对内将众多投资者集合在一起，对外以单一主体身份加入目标公司，目前几乎所有的众筹平台都采用合伙企业的模式。但在股权众筹中，投资者订立合伙协议组成有限合伙企业成为有限合伙人，不仅彼此间无信任基础，更因有限合伙人的地位而对外没有执行合伙事务的权力，而必须由特定的普通合伙人执行合伙事务，这样内无信任基础、外无主张权力的合伙企业，存在着很大的风险。

二是领投“陷阱”。在融资需求发布后，融资方往往会寻找机构投资者或有投资经验的专业投资人士先行认购部分股权，然后由其成为领投人，待其他投资者认购满额后，领投人牵头成立有限合伙企业并成为普通合伙人，其他投资者为有限合伙人，领投人对外代表有限合伙企业执行事务。但在我国社会征信体系尚不完备的情况下，个人信用的功能非常有限，仍不足以支撑实体中的风险管理需求。部分众筹平台要求领投人对融资方进行担保，但由于各自担保的范围有所不同，这种担保的作用非常有限。

三是道德风险。融资开始后，融资方与领投人事实上已经达成某种紧密的联系，领投人不但对融资是否能如期完成起到非常重要的作用，而且在以后的公司管理中也代表众多投资者实际履行其在公司的股东权利，但领投人是否能忠实代表投资者利益而行使权利实则有赖于领投人的个人品质。在整个过程中各方对领投人的行为并无太多的约束条件，相反领投人所得到的现实利益却是量化可见的，这很容易诱发道德风险。

二、永不言迟的监管

互联网股权众筹是一种完全突破各国原有证券公开发行模式的新型类证券公开融资模式业务，在全世界都还处于发展初期。因此与其他新兴事物的发展初期一样，其必然存在诸多不足和弊端。由于股权众筹是一种高风险的金融活动，对投资者的利益影响极大，因此监管部门必须将其纳入监管范围，目前我国已出台了一些规范性或指导性文件，具体如下：

2014 年 12 月 18 日，中国证券业协会起草并下发了《私募股权众筹融资管理办法（试行）（征求意见稿）》，把股权众筹分为公募众筹和私募股权众筹，定义了合格投资者的门槛、股权众筹平台的准入标准等，并列出了九条股权众筹平台的禁止性行为，如不得进行股权代持、不得进行证券的转让业务等。该文件目前仍为征求意见稿。

2015 年 7 月 18 日，中国人民银行等十部委发布《关于促进互联网金融健康发展的指导意见》，指出股权众筹融资必须在中介机构平台进行，股权众筹融资方应为小微企业，应披露必要信息，投资者应具备风险承受能力，进行小额投资。股权众筹融资业务由证监会负责监管。该文件属于政策性指导意见。

2015 年 7 月 29 日，中国证券业协会发布《场外证券业务备案管理办法》，明确了股权众筹是场外业务，开展私募股权众筹并接受备案的主体主要有证券公司、证券投资基金管理公司、期货公司、证券投资咨询机构、私募基金管理人等五类。该文件属于行业自律性规则。

2015年8月7日，中国证监会下发《关于对通过互联网开展股权融资活动的机构进行专项检查的通知》，明确定义了股权众筹的概念，把市场上通过互联网形式开展的非公开股权融资和私募股权融资行为排除在股权众筹的范围之外。股权众筹被明确为："通过互联网形式进行公开小额股权融资的活动。""公开、小额、大众"是股权众筹的根本特征。该文件还规定"未经国务院证券监督管理机构的批准，任何单位或机构不得开展股权众筹融资活动"。该文件属于证券监督管理机构下发的工作文件。

2015年8月10日，中国证券业协会发布了《关于调整个别条款的通知》，将《场外证券业务管理办法》第二条第十项"私募股权众筹"修改为"互联网非公开股权融资"。

2016年8月，中国银监会、工业和信息化部、公安部、国家互联网信息办公室制定了《网络借贷信息中介机构业务活动管理暂行办法》。该办法明确了网络借贷信息中介机构不得从事股权众筹等业务。

2016年10月，证监会等十五部门联合发布《股权众筹风险专项整治工作实施方案》。方案将互联网股权融资平台（以下简称"平台"）的八种行为纳入整治重点：以"股权众筹"等名义从事股权融资业务；以"股权众筹"名义募集私募股权投资基金；平台上的融资者未经批准，擅自公开或者变相公开发行股票；通过虚构或夸大平台实力、融资项目信息和回报等方法，进行虚假宣传、误导投资者等。

通过对上述规范性或指导性文件的解读，以及参与其他金融机构的监管模式，未来我国对众筹平台也可能是采用"牌照化"管理模式，因此建议如下：

1. 加强投资者准入

股权众筹具有周期长、流动性差、风险程度高的特征，其本身对投资者的风险承受能力有较高要求。股权众筹平台需建立完善的投资者适当性管理体系，利用大数据、问卷调查等手段对投资者风险承受能力进行分析，设置准入门槛，以求最大限度地保护投资人。

2. 尽快出台《股权众筹指导意见》，明确股权众筹主体监管措施

由于法律法规需要面对过去，创新则多着眼于未来，因此股权众筹在各国或多或少地与现存的法律法规存在冲突。但是实体经济的健康发展是设计整体金融制度的依据，股权众筹对实体经济具有显著的推动作用，西方国家纷纷出台法律法规扫除其法律障碍。在我国股权众筹的法律定位并不明确，发展相对缓慢。但可喜的是，2014 年 3 月证监会在主观上承认了股权众筹的合法性，将其纳入监管，并正在对股权众筹模式进行调研，准备适时出台股权众筹相关意见，至此股权众筹被明确归属于证监会监管。目前全国各地已经有多个股权众筹平台正在筹建，为了防止我国出现股权众筹野蛮生长、恶性竞争甚至违规越界的局面，应在条件成熟时出台《股权众筹指导意见》（以下简称《指导意见》。西方经验表明，通过出台专门法明确股权众筹的法律地位，规范和监管股权众筹投融资行为，既有利于降低股权众筹潜藏的信用风险，又有利于依法维护众筹平台的经营和金融稳定。就《指导意见》的制度设计而言，应主要解决众筹平台运行规范、融资者信息披露及投资者的资格和保护等几个问题。对于众筹平台，应当建立平台的注册制度，明确平台权利与义务的基本原则，施行募集资金的第三方监管，严限平台及其雇员以任何形式与融资人发生关联交易和平台的"自融"行为，以免丧失平台的独立地位；对于融资者，必须将整个创业团队人员的信用记录、其他融资记录和犯罪记录对投资者公开，并借鉴美国 SEC 按融资额大小来确定融资企业的信息披露方式，以尽可能地在降低融资成本与投资者保护中取得平衡；对于投资者，应建立特定的合格投资者门槛，执行严格的准入制度，限定普通投资者的投资金额和项目的个数，尽可能减少风险外溢。

3. 采用立体交叉监管方式，引导股权众筹健康发展

股权众筹依托互联网扎根于我国公开性证券融资体系的底部，具有很强的基层辐射力与渗透力，平台数、项目数和投资人数呈现出多元化快速增长的势态。虽然股权众筹被划归为证监会统一监管，但是整个证监会系统人员有限，仅以证监会现有的力量想要有效监管快速增长的股权众筹，恐将

力不从心。在这种情况下，证监会可以将大多数监管权限下放到地方政府，赋予地方政府金融办对股权众筹的监管权限，实行中央与地方统分结合的金融监管，这也符合国家的金融发展规划。但仅靠中央和地方政府的外部监管力量还是不够的，还需要建立股权众筹行业协会，让行业协会发挥内部监督作用，促进行业自律。因此，笔者认为对股权众筹可以尝试采用证监会、地方金融办和行业协会三者立体交叉监管的方式。在三者职责分配上，证监会主导制定股权众筹的监管规则与制度，制度制定应采用审慎兼顾包容的原则，既划定股权众筹业务的红线，又给予一定的创新空间。对募集资金超过一定金额或投资者达到一定数量的融资公司进行备案监管，还要加快股权众筹的公用信用数据库的建设，防止信用低劣者融资或同一项目重复融资；地方金融办主要监督众筹平台是否合法经营和切实履行信息中介的职责，主导平台核查融资企业是否按规定客观、真实和准确地进行信息披露，当投资者的利益受到损害、与平台和融资者发生纠纷时，应采取切实措施保障投资者的利益。地方金融办还应帮助发展良好的融资项目与四板或三板对接，为投资者资本退出创造便利；行业协会应在政府监管制度的指导下，对股权众筹平台执行行规行约、各类标准和经营作风情况进行严格监督，并为平台成员提供财务和法律援助，以提高平台成员的流程服务能力。同时，行业协会要充分关注股权众筹的社会舆论以及在创新过程中出现的明显弊端，利用行业协会灵活的特点，对相关行规行约及时作出修改。

4. 采用第三方托管的方式确保资金按预定要求运用

股权众筹平台的主要作用在于利用互联网对富余资本在筹资者与投资者之间进行优化配置，以提高富余资本的利用效率，从而解决由于信息不对称所带来的资本资源浪费的问题。基于上述认知，股权众筹平台主要是发挥着中介的作用，以撮合投融资交易的实现。一旦股权众筹平台在中介过程中能够控制资金的利用与流动，则投资人的资金便存在被平台挪用的可能，若资金遭受损失而难以弥补，这对投资者与筹资者而言，无疑都是利益的极大损失。因此，出于对资金安全性的考虑，平台不能经手或负责管理资金，一般可选择托管给可信任的第三方金融机构，由投资者与筹资者协商约定向托管方支付一定的管理费用。

5. 对项目融资规模作出限制

对筹资金额应当予以限定，这一方面可以避免引入不适合互联网股权众筹模式的融资项目，防止其对其他资本市场可能造成不当冲击，另一方面可以降低投资者的风险，将其可能的风险损失控制在一定的范围内。这既是保证互联网股权众筹健康发展的有效举措，也是维护金融市场秩序和社会稳定的必然要求。

6. 加强投资者教育，树立科学的投资理念

股权众筹具有周期长、流动性差、风险程度高的特征，其投资理念、风险控制与股票投资有着本质的区别，广大投资者对其还比较陌生。因此，加强投资教育，有利于投资者强化风险意识，理性参与股权众筹投资。为了做好这项工作，一是要坚持正确的舆论导向；二是要突出众筹平台的宣教功能；三是要强制执行投资下单前的警示与下单后的冷却操作流程。在投资者下单之前，应要求众筹平台在醒目的位置显示，诸如"如对创业项目缺乏基本判断，请不要草率投资，投资本金有可能100%亏损"之类的警示语，下单后给投资者投资冷却期，在冷却期内投资者拥有无条件撤单权。

总之，互联网股权众筹是一个相对新兴且风险较高的行业，在世界各国都还处于发展初期。众筹平台如何建立完善的风险管理体系，并在有效的监管框架下实现良性发展，值得从业者进一步深入探索。

后　记

本书定稿之际，恰逢全国第五次金融工作会议顺利闭幕。随着中央对金融工作指导精神的明确，国内金融业已拉开了“强监管、防风险、去杠杆”的大幕。无论是央行加码宏观审慎评估体系（MPA）考核、牵头制定《关于规范金融机构资产管理业务的指导意见》，还是银监会密集发文剑指银行同业、理财、委外等业务的各种套利及不当行为，又或是证监会、保监会相继发声要严惩扰乱市场秩序的害群之马、规范万能险投资及加强保险业风险防控工作等，一系列监管政策的指向非常明确：引导资金“脱虚向实”，减少资金在金融领域空转套利，防范发生系统性风险。

自2012年以来，在实体经济增长率连年走低、投资回报率不断下滑的背景下，金融业在国民经济中一枝独秀、独自繁荣：2016年金融业增加值占GDP的比例已然超过10%，而拥有高度发达金融系统的美国，目前该比例仍未超过6.5%。在这场“盛宴”的背后，是众多金融机构打着“金融创新”的旗号，通过监管套利、空转套利、关联套利等方式，运用层层叠套、期限错配、加杠杆操作等手段，不断推高资产泡沫，以钱炒钱。未能进入实体经济的资金在金融市场中涌动，先后引发了2015年股票市场异常波动、2016年债券市场杠杆率飙升，和个别保险公司利用高杠杆资金举牌上市公司、扰乱企业正常经营等种种乱象。许多所谓的“创新”是在与监管层的“捉迷藏”游戏间，扮演着抵消货币政策有效性、推高社会融资杠杆率、扰乱实业发展及加剧金融风险扩散的角色。

金融是国民经济运行的血液，其根本功能是为实体经济服务，各种金融创新均应围绕“是否有利于社会生产力的提高,是否有利于社会资源配置效率的提升,是否有利于人民大众的生活更美好”的标准来开展,而不应成为个别机构追逐私利、逃避监管的“挡箭牌”。不带来社会价值、甚至扰乱社会秩序的金融创新是“伪创新”,必将会引发监管的整肃,不可能持久。

真正的金融创新依托科技的发展,能切实做到提升金融运行效率,降低运行成本,扩展金融服务半径。以互联网为代表的新科技与金融的深度融合、传统金融与互联网金融的优势互补,是大势所趋。金融与新技术的有效融合与发展才是正确的创新之路,必将成为中国金融业实现“弯道超车”、快速发展的动力源泉!

参考文献

[1] 陈晓华，曹国岭.互联网金融与风险控制.北京：人民邮电出版社，2016.
[2] 冯科，宋敏.互联网金融理论与实务.北京：清华大学出版社，2016.
[3] 中国人民银行金融研究所.新金融时代.北京：中信出版社，2015.
[4] 黄海涛.互联网思维盈利模式.北京：人民邮电出版社，2014.
[5] 李东荣.中国互联网金融发展报告.北京：社会科学文献出版社，2016.
[6] 贾君新，孙敏.新金融逻辑.北京：经济管理出版社，2015.
[7] 黄益平，王海明.互联网金融 12 讲.北京：中国人民大学出版社，2016.
[8] 钟殿舟.互联网思维.北京：企业管理出版社，2014.
[9] 霍学文.新金融，新生态.北京：中信出版社，2015.
[10] 张健华.互联网金融监管研究.北京：科学出版社，2016.
[11] 孟雷.互联网金融创新与发展.北京：中国金融出版社，2016.
[12] 张伟.互联网+普惠金融.北京：电子工业出版社，2016.
[13] 崔荣光.互联网金融大格局.北京：人民邮电出版社，2016.
[14] 何晓宇，樊旻昊，胡丹云.互联网思维.北京：中国铁道出版社，2016.
[15] 李耀东，李钧.互联网金融框架与实践.北京：电子工业出版社，2014.
[16] 范周.重构·颠覆：文化产业变革中的互联网精神.北京：知识产权出版社，2016.
[17] 武长海，涂晟.互联网金融监管基础理论研究.北京：中国政法大学出版社，2016.
[18] 巴曙松，杨琼.中国资产管理行业发展报告.北京：中国人民大学出版

社,2016.
[19] 郑智.中国资产管理行业发展报告(2016).北京：社会科学文献出版社,2016.
[20] 赵大伟.互联网思维孤独九剑.北京：机械工业出版社,2015.
[21] 王亮亮.互联网金融发展对传统金融业的影响研究.北京：中国金融出版社,2016.
[22] 邱勋.P2P 与股权众筹.北京：中国金融出版社,2016.
[23] 管清友,高伟刚.互联网金融：概念、要素与生态.杭州：浙江大学出版社,2016.

图书在版编目(CIP)数据

一面成熟，一面天真：金融与互联网的融合之道/杨峻著.—上海：东方出版中心，2017.9（2018.1 重印）

ISBN 978-7-5473-1180-6

Ⅰ.①一… Ⅱ.①杨… Ⅲ.①互联网络-应用-金融-研究 Ⅳ.①F830.49

中国版本图书馆 CIP 数据核字(2017)第 209259 号

一面成熟，一面天真

——金融与互联网的融合之道

出版发行：东方出版中心
地　　址：上海市仙霞路 345 号
电　　话：(021)62417400
邮政编码：200336
经　　销：全国新华书店
印　　刷：上海天地海设计印刷有限公司
开　　本：720×1020 毫米　1/16
字　　数：188 千字
印　　张：13
版　　次：2017 年 9 月第 1 版　2018 年 1 月第 2 次印刷
ISBN 978-7-5473-1180-6
定　　价：45.00 元

东方出版中心邮购部　电话：(021)52069798